香山リカ著

若者の法則

岩波新書

781

まえがき

いまどきの若者は、さっぱりわからない。

こんなことばを、これまで耳にしたことがない人はいないはずだ。それだけではなくて自ら「いまどきの若者は……」と、つい口にしている人も少なくないだろう。

ものの本によると、これと似たことばは古代ピラミッドの中にも記されているらしい。「だから、なにもわかりにくいのは現代の若者だけではない。大人から見れば、いつの時代も若者は理解しがたい存在に見えるのだ」と言う人もいる。しかも、大人はかつて自分も若かったときには礼儀知らずで自己中心的だったことも忘れて、若者批判をしてしまいがちだ。

では、結局のところ、若者は今も昔も変わっておらず、大人が勝手に「いまどきの若者はわからない」と言っているだけなのだろうか?

私自身は、そうもまた言い切れないと考えている。

高度成長からバブルの時代を通過し、出口の見えない不況が続きながらも、生活じたいは全体に平和で豊かな今の日本。携帯電話やインターネットの普及で、コミュニケーションの手段は画期的な変化を遂げた。そういう社会で暮らす若者は、やはりこれまでとはかなり違った価値観や行動様式を身につけていると言える。

問題は、そういう若者たちに対して大人が「若者は堕落した」「若者はコワイ」と決めつけ、それ以上、理解しようとも近寄ろうともしないことだ。フェミニズム研究者の小倉千加子さんは、「いまどきの学生たちは変質してます。……これはなんですか！」とイライラして怒っている大学教員を見ると、「アホちゃうか。君ら訓練が足りんよ」と思う、とその著作の中で述べていた。

しかし、そう言われてもどうやって訓練してよいかわからない。そう思う大人も、少なくないはずだ。訓練するにもまず、いまどきの若者の言動の基本にあるパターンがわからなければどうしようもない。

「基本パターンなんてあるものか、彼らは好き勝手に動いているだけだ」という声もあるが、本当にそうだろうか。彼らの話にちょっと耳を傾け、その行動に目をとめてみると、そこには彼らなりの考え方や主張があることがわかってくる。それを「若者の法則」としてまとめてみたのが、この本だ。

私はもちろん、これを読んで若者にすり寄り、ごきげんをうかがってほしい、と大人たちに望んでいるわけではない。ただ、その「若者の法則」を知ると、若者たちが彼らなりのやり方で、大人や社会全体に向かって言おうとしている何かが、おぼろげながら見えてくるはずだ。

そして「いまどきの若者」について考えることは、だれにとっても自分についてもう一度、考えなおすことにもなるはず。元・若者の私は、そう思うのである。

目次

——若者の法則

1

「確かな自分をつかみたい」の法則

学　校

臨床医として勤務していた病院で、担当していた不登校の中学生の少年に、「先生、どうしても家に遊びに来て」と言われたことがあった。もちろん、担当医が受け持ちのケースの家に遊びに行くことは、倫理的に許されていない。しかし、小学生の頃から長いつき合いの彼が、「家に来て」などというのは初めてで、よほどのことと考えられたので、禁を破って出かけることにした。

家に着いて両親とあいさつした後、部屋で彼の好きなテレビゲームをした。ゲームの対戦に呼ばれたのだろうか、と思っていると、しばらくして彼は立ち上がり、「これ。担任の先生が届けてくれたんだよ」と中学の卒業証書を出してきた。「すごいじゃない、ちゃんと卒業できたんだねぇ」と言うと、「家で、僕の名前を読み上げてわたしてくれたんだ」と照れくさそうな笑顔になった。

彼は、この卒業証書を見せるために、わざわざ私を自宅に呼んだのだ。「こんな大事なものは、とても病院には持って行けない」というくらい、彼にとっては宝物にも匹敵するようなものだったのだろう。

その後も、何度も似たような経験をした。「学校なんて」と不登校になったり中退したりする若者たちは、実は学校にとても執着している。「卒業証書まであと一息」と言われると、重い腰を上げてなんとか登校したりもする。そういう若者たちを見て、最初私は「彼らも証書という現実のモノには弱いのだろうか」と感じた。ところが、そんな経験を繰り返すうち、彼らは決して学歴や卒業証書そのものにこだわっているのではないのではないか、と思えてきた。

学校にどうして行くのか。学校とは何か。この問いに答えられる人が、どれだけいるだろう。たとえば、最近はわが子を国内のインターナショナル・スクールにあえて通わせる親も少なくない。日本の義務教育を放棄する親たちは、役所や教育委員会から「どうしてふつうの教育を受けさせないのか」と一応、問われるようだ。親は「これからの社会は英語が大事だから」「日本の学校教育は不安」などと説明し、結局、役所の職員も「まあ、親がそう言うなら」と折れることになる。どちらにしても、「どうして学校が必要か」「どうして日本の教育はだめか」の答えは宙づりのまま、という印象を受ける。

学校がただの〝社会に役立つ教育の場〟でないことはだれにとっても明らかなのだが、「では何なのか」という問いに答えるのは、とてもむずかしいのだ。そこにきちんと通った若者にとっては、「友だちを作る場」「クラブ活動に打ち込む場」などいろいろな答えもあるはずだが、はじめに紹介したような、ほとんど学校に行かない不登校の少年にとっても、学校は何らかの意味をもつ場である。それを、多くの大人は忘れてしまいがちだ。

不登校の中学生、高校生とのつき合いで私が思ったのは、彼らにとって、実際にはほとんど行けない学校は、そこに「自分の座席がある場所」だということだ。「来たくないなら席をなくすから、もう気にしないでゆっくり休みなさい」と言われると、彼らは気が楽になるどころか、とてもがっかりする。

そこに行けば、自分に割り振られた座席がちゃんとある、という場は、中学生や高校生の若者にとってはほかにまずない。たとえそこまでたどり着くことができなくても、「あそこには自分の名前の席がある」と思うことは、彼らにとっては大きな意味がある。ときにはかえって不安や恐怖の材料になることもあるが、「どこにも席はありませんよ」と言われるのは耐えがたい。

そう考えれば、卒業証書は、「三年間、あなたの席はここにありましたよ」という証しにほかならないのかもしれない。

自分の名前がついた居場所を与えてくれる学校。それにかわる場を大人が社会に作れない限り、学校はこれからも若者にとってなにがしかの意味を持ち続けるはずだ。リストラされたり職がなかなか見つからなかったりしたときに、大人もはじめて「自分の席がどこかにあること」の大切さに気づくのかもしれないが。

お金

「時は金なり」ということばがある。もちろん「時間はお金と同じように大切なもの」という意味だが、最近のビジネスの場などではもっとストレートに「時間もタダではない」というニュアンスで使われることもある。そして、後者の「時は金なり」は欧米式の発想なので、日本人にはなかなかなじみにくい、とも言われる。

診療室でカウンセリングをして「今日はお薬はいらないでしょう」と告げた中年の患者さんが、会計窓口のところで怒っている場面に遭遇したことがある。どうしたのかと近づくと、「先生！　今日は話だけで何もしてもらってないのに、治療代を要求するなんてひどいじゃないですか！」。おそらくこの人はその金額に腹を立てたのではなく、時間や会話といった目に見えないものにまで料金を要求されたことが非人情に思えて怒りの声をあげたのだろう。

患者さんとしては、できれば医者の治療はビジネスではなく善意にもとづいた行為だと思いたいのに、お金を要求されると「やはりそうではなかった」と思い知らされることになる。お金が介在することでその行為の純粋さ、真実味にキズがついてしまう、という考えが日本人の中にはあるようだ。中には心のどこかでまだ、「お金は汚いもの」と思っている大人もいるかもしれない。

では、若者はお金に対してもっとドライに割り切っているのだろうか。ある部分に関しては、そうともいえる。彼らと話していると非常によくお金の話が出る。どこの店が高い、安いといった身近な話から、大リーガーのだれの年収がいくらだとか、あの歌手の売り上げは何億円だといった話まで、もはや彼らには「お金は汚い」という意識はまったくない。お金はとても大切、お金があるのはよいこと、というシンプルなお金肯定主義があるだけだ。

あるとき学生が集まって何か書いていたのでのぞいてみると、彼らは年間授業料を講義の時間数で割って「講義一時間あたりの料金」を出しているのだった。「授業までお金に換算しているのか」と少し驚いたが、かといって彼らは「あんな講義にも何千円も払っている計算になるんだなぁ」などと口々に言うだけで、欠席しないようにするとか講義の質を上げるように要求するといったことはない。金銭感覚は発達しているように見えるが、それは現実の生活や行動に結びつくようなものではなさそうだ。

実際、「お金をもうけたいですよ」などと言いながら、就職を決める段になると、賃金も調べずに家から近いところや楽しそうなところに入社してしまったりする。彼らの毎日の生活を見ていても、衝動買いの連続でけっこうムダが多い。お金は大切でほしいものには違いないが、日常的に努力して少しずつ手に入れたいほどのものではない。何かの機会にどさっと入ってくるなら拒まずにもらいたい、といった程度のものなのかもしれない。

だから若者が「お金、お金」と口にするからと言って、大人が彼らをお金を使って動かそうとすると意外に動かずに拍子抜けすることもあるだろう。お金はほしいが、お金のためにやりたくないことまでやろう、とは思わない。逆に、サッカーのワールドカップの応援となると、高いお金をかけてゼロ泊三日の強行日程で海外にまで出かけて行くような若者もいる。

彼らを実際に動かすのは、実はお金ではなくて「これは自分にしかできない」という意識なのではないか。フリーマーケットに出品して「今日は三万円ももうかった」などと喜んでいる若者もいるが、彼らにしてもお金そのものがうれしいというよりは、そこで一日をすごした自分がそれだけの成果をあげ、はっきりした数字で評価されたことを喜んでいるのだと思う。そのことをいちばんわかりやすく表現するのが、「三万円もうかった」という言い方だから、そうしているだけなのだ。もちろん、これが行きすぎると、「自分の価値はいくら?」と確かめたいあまりに風俗産業に身を投じる女性が出てきてしまうことになるのだが。

何でも金額や料金に換算して語る若者が、それだけお金に執着があるわけではない。彼らが執着しているのは、あくまで自分にとっての価値。そう思うと、「えー、大学の先生の給料ってそんなに安いのですか」というフレーズが、「先生にはもうちょっと価値があるはずですよ」というようにも聞こえてくる気がする。

親

二月のある日の夕方、私鉄のある駅を通りかかったところ、同じような年代の女性が数十人、駅前の広場に立っていた。しかも、仲間連れでもなくそれぞれひとり。いったい何事か、と思ってしばらく見ていると、まもなく大量の高校生が駅に向かってやって来て謎は解けた。彼女たちは、その駅のすぐ近くにある大学の入試を受けに来たわが子を迎えに来ていたのだ。

今や、大学の入学式、卒業式に両親が同伴するのはあたりまえなので、入試の送り迎えに親が来るくらい、驚くことではないのかもしれない。しかし、儀式である入学式などとは違って、入試はあくまで本人自身の実力を試される場だ。そんなところにまで親が来て「どうだった？ 合格しそう？」などと言われたら、子どもとしてはイヤな気分になるのではないだろうか。そう思ったが、迎えの親の顔を見つけた受験生の多くは、うれしそうに手を振ったりしていた。

かつて思春期にある若者にとっては、親は乗り越えるべき怪物、強敵のような存在だった。それまでは何気なく聞いていた「顔洗ったの?」「もっと牛乳飲みなさい」といった指示や言いつけが、やっと出てきた自分らしさの芽を摘み取るハサミのように恐ろしく思えてくる。そして、「どうでもいいじゃない、私の勝手でしょ!」「牛乳なんて絶対飲まないからな」とつい声を荒げて、〝怪物のハサミ〟から自我の芽を守ろうとする。親としては、子どもによかれと思って声をかけているのに、なぜそれほど反抗されるかわからない。「それが親に対する口のきき方なの? 黙って早く顔を洗ってきなさい!」と言い返し、いわゆる〝切った張った〟の親子ゲンカになってしまうことも少なくない。

ところが今の若者の多くは、そういう激烈な思春期の親子ゲンカの時期を体験していない。親も「〇〇しなさい」と口うるさく命じることもないし、たとえ言われたとしても、子どもの側もあらがうことなく素直に「そうだね」と従う。より友好的な方向への変化が、親にも子にも起きているようだ。その関係を指して、一卵性親子とか友だち親子と呼ぶこともある。もちろん、怒鳴り合う親子よりは、いつも穏やかにすごす親子の方が好ましいようにも思える。しかし、そういった友だち親子の子どもの側が、ある年代になって思わぬ心の問題に直面することもある。以前、カウンセリングを担当していた二十代の女性は、両親との間で目立ったケンカをしたこともなく、大学を出て専門職についた。ところが、数年してから不安感や「これでいいの？」という不全感が高まり、生活にも支障が出てくるほどになった。彼女は言っていた。「私と両親はなんでも話し合うことができるので、とても恵まれていると思います」。ただ、あまりに両親とコミュニケーションしながらそこまでやって来た結果、彼女はどれが自分自身の気持ちでどれが親の気持ちなのか、自分でも判断がつかなくなっていたのだ。

親が乗り越えるべき壁として立ちはだかっていれば、それとの距離をはかることで自分自身の心理的な特性や傾向などを確認していくこともできる。しかし親と自分との間があまりに平らで地続きのまま育つと、大人になってからも自分を親から独立した存在として自覚できなくなってしまうことがあるのだ。そういう意味では、子どもから「あんたみたいな大人にはなりたくない」「お父さんなんて欠点だらけ」などときらわれることのできる親の方が、〝子ども孝行〟なのかもしれない。

親の送り迎え付きで大学入試を受ける受験生はどうなのだろう。その大学を受けたいと思ったのは自分自身の意志なのだ、と彼らははっきり自覚できているだろうか。それとも「お母さんもこの大学に入ってもらいたいみたいだから」と、親の気持ちを肩代わりして受験しただけなのだろうか。もし後者である場合、実際に大学に通い出してから、「ここに来たのは自分の意志じゃなかった、自分にはもっと行きたい学校があった」と、はっと気づいて後悔するようなことはないのだろうか。肩を並べて帰る受験生親子たちを見ながら、やや心配になった。

性格

自分の性格をぜんぶ変えたい、という若者に何度となく会ったことがある。「こういう欠点をこうなおしたい」というのではなく、まるごと取り替えたい、と言うのだ。彼らが口をそろえて言うには、「自分の中にきらいな部分が多すぎるので、ちょっとなおしたくらいでは間に合わない。ぜんぶ変える方が簡単だ」とのこと。

ちょっと考えても、性格を部分的になおすより丸ごと変える方がむずかしいことは明らかだ。しかし、彼らはそれには納得せず、中には違う性格になることを目指して自己啓発セミナーや新興宗教に入ってしまったケースもあった。そしてそのあと、「ほら、自分を変えることができましたよ」と連絡をしてきた若者を見て、はじめて彼らの言う「変わりたい」の意味がわかった思いがした。彼らの「性格を変える」は、「ある特殊な価値観や教えだけを信じて、迷いを捨てたい」というのと、ほとんど同じ意味だったのだ。

もちろん、その手段はあやしげな宗教に入ることだけではない。対人恐怖傾向があったある若い女性は、「声優になろう」と決めてその専門学校に入ったときから「すべてが変わった」と話してくれた。よく聞くと、声優の世界には非常にはっきりしたヒエラルキーがあり、いったんそこで生きていくと決めたら、あとは少しでも上のランクを目指して必死にやって行くしかない。そのためには生活のすべてが犠牲になるのだが、「人とどうやったらうまく話せるだろう、私はどうやって生きていけばいいのだろう」といつも悩み、迷っていた彼女にとっては、とてもシンプルでわかりやすい世界に見えた。そこで「私は完全に生まれ変わった」と思ってしまったのである。

しかし、それはあるはっきりしたシステムや価値観に丸ごと身をゆだねただけで、性格そのものがそう簡単に変わるわけではない。声優を目指した女性も、必死に上を目指しているときは「これが私の生きる道だと発見した」と生き生きしていたが、予定通りにランクが上がらなくなってくると、またあれこれ迷い出した。

ひとつの道を目指したり、特定の価値観を信じ込んだりするのは本人の自由だが、それで性格に関する問題までがすべて解決、というのは間違いだ。何かがぱっと変わったような気になる、目の前が開ける、というのと性格の問題は、また別もの。そう言っても若者にはなかなかわかってもらえないことが多い。

そういうときにはよく、「じゃ、あなたは自分の性格のどんなところがイヤなの？ そもそも自分の性格ってどんなものだと思う？」と質問してみる。すると、彼らが答える「自分の性格の特徴や長所、短所」は、客観的に見たその人自身の姿とかなりずれていることがほとんどだ。たとえば「私って気が弱くて自分の意見をはっきり言えないんです」と言う人が、実はとても頑固で、ことばにはしないものの思ったことは強引に実行するタイプだった、など。

また、彼らに「じゃ、丸ごと変わってどうなりたいの？」と聞くと、そこで返ってくるのは「強くて明るくて前向きで」という非常に通りいっぺんのイメージであることも少なくない。

自分の性格を誤ってとらえているばかりではなく、今せっかく持っている個性をすべて捨てて、何も悩むことなくいつもニコニコ笑っているだけの、のっぺりした人間になりたい。「性格を変えたい」と言っている若者たちは、そんな望みを抱いているようにも見えてしまう。

そういう彼らに、「今のあなたの性格も十分個性的だし長所もある」と理解してもらうためには、どうすればよいのか。ひとつには、その人ならではの個性をうまく生かして、成功したり好かれたりしている大人の手本が身近にあることも重要だと思う。大人がみな、同じようなビジネス本や人生指南本を読み、同じような理想像を抱いて今ある自分を否定していては、お話にならない。

楽しむ

楽しむことに関して、今の若者はとても貪欲だ。レジャーやデートのときに楽しみたい、と思うのは当然だが、学校や職場でも堂々とそう口にする若者がいることに驚く大人は多いだろう。少子化で受験生が減っている大学ではいち早くその傾向を察知し、講義に芸能人を招いたり海外研修をカリキュラムに組み入れたりし、「大学のレジャーランド化」と心ある大人たちから批判されている。

しかし、これはふつうの気楽な若者だけに限った話ではない。あるスポーツキャスターが教えてくれたのだが、最近のオリンピック選手は「がんばって、と言われたくない。楽しんできて、と言ってほしい」とよく言うそうだ。そういえば、二十代で当選した若手議員は「国会を楽しんできます」とも発言していた。オリンピック選手、国会議員というまさに〝国の代表〟の立場にある若者までが「楽しみたい」と思っているのだとしたら、ふつうの若者がそう思うのはむしろ当然と言えるだろう。
それにしても、オリンピック選手にしても国会議員にしても、そうなるためには相当な努力が必要なはず。そこまでして目標を達成したのに、どうしてみんなと同じように「楽しみたい」などと思うのだろうか。本当にただ「楽しみたい」のなら、苦労などせずに最初からテーマパークに行ったりおいしいものを食べたりして楽しめばよかったはずなのに……。

おそらく、今の若者にとって「楽しむ」とは、単純に「楽をする」こととはかなり違うのだろう。「楽をする」とは、余計なストレスやプレッシャー、厳しさから解放されてダラダラするということだ。それは、若者たちにとっては少しも楽しめることではないのだ。

高度消費社会の若者の中心的な人格、と精神科医たちが考えているものにボーダーライン人格と呼ばれているものがある。彼らは対人関係にしても自己イメージにしても、とにかく価値がひとつに定まらず、極端から極端のあいだをいつも激しく行き来している。まわりから見れば、上きげんになったり落ち込んだり、やさしくなったり腹を立てたり、と落ち着かないことこの上ないのだが、そういう彼らが必ず口にすることばが、「ああ、退屈だな。何かいいことないかな」。

外から「そんなに激しく揺れ動いていては退屈するヒマもないだろう」と見える姿と、本人が「何もない」と思う気持ちとの間には、大きなギャップがあるわけだ。そしてそういう彼らにとっては、その彼らなりの退屈をまぎらわせるために、どうやって「楽しいこと」を見つけるかは、ほとんど命がけの問題なのである。当然、その「楽しいこと」とは、単純にダラダラすることでも激動の対人関係を経験することでもない。苦労や努力をしてでも自分が心から満足し、不安定な自己評価を一定のものに落ち着かせてくれること、それが最も「楽しい」のだと思う。

そう考えれば、必死の練習でオリンピック出場権を得た若者が「楽しんできたい」と言うのも、理解できるはずだ。それは競技を娯楽としていいかげんにやりたい、という意味とは正反対、「これこそが自分なのだ」との実感を十分に味わい、思う存分、力を発揮したいということなのだろう。

「今年の冬はスキーかな」「いや、思い切って南の島でダイビングのライセンスを取ろうか」と真剣にレジャーの相談をしている若者たちにしても、本当に望んでいるのは「楽をして解放されたい」ということではなく、「一生懸命、楽しんで、自分のまわりに漂う慢性的な退屈、空虚感を取り払いたい」ということだと思う。だから、そうやって「楽しみたい」といつも口にする彼らに対して、単純に楽で面白おかしいカリキュラムを提供するだけの大学というのは、やはり若者の心を読み違えている気もする。本当に若者が「楽しめること」を探して与えてあげるのは、そんなに楽なことではない、ということだ。

泣く

ある女子高校生が、「私は泣きやすい」と言いながらこんな話を教えてくれた。「高校の合格発表のときももちろん泣いた。まわりにも泣いてる子はけっこういた。でも、そのあと入学したら、その年は全入(受験者は全員合格)だってわかったの。ちょっと恥ずかしかったぁ」。受験番号などを見たらすぐに全入だとわかりそうなものだが、「そこまでは気づかなかった」と言う。彼女や友だちは、好きなお笑い芸人のライブに行っても「うれしくて大泣きしちゃう」のだそうだ。熾烈な入試争いを突破したからとか、その内容に感動したから泣くというよりは、泣けるような状況が訪れたと思ったら、とりあえずはそれを逃さず泣いてみるのだろう。

これはこの高校生に限ったことではないようで、今、いろいろな場面で涙を流している若者を見る機会は少なくない。サッカーの試合会場で「勝った」「負けた」と泣いている若い男性も、今ではめずらしくない。

いったい彼らは、何に対して涙を流して泣いているのか。そこに、悲しい、悔しい、すばらしい、などといった明確な感情や理由はあるのだろうか。また、その涙に場面や状況ごとの違い(たとえば「うれし涙」と「悲しい涙」など)は認められるのだろうか。

どうもそうではないようだ。何倍の競争率かも調べずに、とにかく自分が合格したと言って大泣きした冒頭の例にあるように、彼らは目の前にいつもと違う場面や状況が現れたときの一様な反応として、涙を流してしまうのではないか。あるいは、そういう中に「自分がいる」ということに心を動かされて、泣くのではないだろうか。つまり、ひきがねとなる刺激が何であるにせよ、結果としては「大泣きする」という同じ反応が起きてしまうわけだ。だから、それがお笑いライブであっても悲劇的なお芝居であっても、サッカーで勝っても負けても、同じように涙が流れる。

この話は、「ストレス反応」のことを思い出させる。今では「心理的な負担」と同義になってしまった「ストレス」だが、元は動物のからだにそなわった一連の反応を意味していた。人間の場合、刺激となるものが物理的危機、極端な寒冷、心理的なプレッシャーなど多種多様だが、からだは結果として心拍数の増加、発汗、顔面紅潮など一連の同じ反応を呈する。これはもともとは、迫りくる危機からなんとか逃げやすい状況をからだが作ろうとする、合目的的な反応であったことも知られている。

若者の「どんな理由でもすぐに泣く」という傾向は、かつてのストレス反応に近い、からだにそなわった条件反射的なメカニズムなのかもしれない。そうだとすれば、「お笑いでどうして泣くのか」などと、いちいち意味を詮索する必要もなくなる。

では、ストレス反応と同じような〝泣きの反応〟が若者にそなわっているのだとしたら、それは彼らにとってどういう意味を持つのだろう。もちろんひとつには、そうやって涙を流し声をあげて泣くことによる感情の解放、カタルシス効果ということがあるだろう。

しかし、「また泣いちゃったよ」と照れずに語る若者を見ていると、そうやって泣けるような状況に自分がいるということで、何かを確認しているのではないかとも思える。つまり、自分はその他大勢としてぼんやり生きているわけではない、泣けるような特別なできごとを経験しながら生きている、ということだ。逆に言えば、そうでもしなければ自分の日常はあっという間に退屈なものとなり、毎日の記憶も薄れていくのかもしれない。

昔の人間は、生命の危機を回避するためにストレス反応を身につけた。今の若者は、自分喪失の危機から脱出するために〝泣きの反応〟を身につけた。ただ、その傾向は大人にも確実に広がっており、だれもが「泣ける物語」を求めて本を読み、映画を見るようになってきている。「泣かなければ自分が何者かもわからなくなってしまう」という危機感が、世の中全体に広がっているのだろうか。

ウソをつく

けっこうマジメで誠実なタイプと思っていた若い男性が、「メール恋愛」について得意げに語った内容を聞いて驚いたことがあった。「メールではボクは身長一八〇センチのエリート官僚、ってことになってるんですよ」。明らかにそれはウソであった。そう指摘すると、「ウソとは違う。そのやり取りの中ではウソはついていない」と言い張る。「会っているのに官僚と言うならウソだけど、そうじゃない。そういう設定にした方がメールも盛り上がるからそうしてるだけ」。恋愛という、日常とは少し違う状況で自分の思いを語るには、ニセの物語があった方がいい、ということなのだろう。

カウンセリングの場面でも、作り話が問題になることがある。子どものときに虐待された、愛情を与えてもらえなかった、といったトラウマ(心的外傷)に関する話が、家族の情報を集めると、どうも事実ではないとわかることも最近では少なくない。そういうケースのほとんどは若い女性なのだが、彼女たちはもちろん、意図的にウソをついてやろうと思っているわけではない。ただ、自分が置かれている、ある苦しい状況を語ろうとするときに、どうしても何か強烈な架空のエピソードを核にしなければ、それをうまく表現することができないのである。

大人が考えると、まったく逆のような気がする。自分の思いや苦しさを語るなら、何もウソをつく必要はない。「エリート官僚だ」「親に愛されなかった」といったニセの物語を作ってしまったら、かえって本当のことを話しにくくなるのではないか。ところが若者にとっては、物語が何もないところで、自分についてある筋道をつけながら語る方が、ずっとむずかしく思えるのだ。それに比べれば、わかりやすくてインパクトの強い物語の中にすっと入り込んで、そこで自分の作った架空の主人公の口を借りて語る方が、すらすらと何でも話すことができる。

ここまで極端でなくても、若者たちの日常会話にもちょっとした〝設定のウソ〟が混じっていると感じることはよくある。「昨日、すごい事件に巻き込まれちゃってさ」「もうまわりは大混乱ですよ」などと、まずできるだけ強烈な状況を設定したところで話を始める。そこには当然いないはずの人が登場したり、前の年のケンカが起きていたりもする。

そうやって何でも強烈な物語にして語ってしまう背景には、今の若者特有のサービス精神もあるだろうし、そういう話をしなければ、だれも自分に関心を持ってくれないのではという不安もあるだろう。ただそれ以上に、ウソを交えて語ってしまう若者には、「物語の中の方が自分の率直な気持ちを語りやすい」という切実な理由があるのではないだろうか。

また、話を聞く側の若者たちも、ウソらしき部分は笑ってやり過ごし、語られた物語の中からうまく相手の「率直な気持ち」のところを汲み取っているようだ。たとえば、エリート官僚だと名のってメール恋愛をしている若者についても、相手の女性はそれじたいが事実かどうかは気にせず、「官僚のボクが夢中になるくらいあなたはステキな人」というところだけを受け取っているのではないか。

精神分析学の祖・フロイトは、相談者が語ることはその実際の真偽はともあれ、すべて「心的現実」だと考えた。つまり、それが相談者の心にとってはまぎれもない現実であり、分析家はウソかどうかということではなく「なぜ今、この人はそれを語ろうとするのか」だけを問題にすべき、というのだ。そう考えてみると、相手の話の真偽を問うより、まず「この話を通してどういう感情を表現しようとしているのか」を敏感に察知する今の若者は、分析家としての態度を知らないうちに身につけている、とも言える。

ただ、実際の社会は、そういったウソを「心的現実」として許容するようにはできていない。だからいろいろな場で、若者が何気なくついたウソがトラブルを起こしたり、事件に発展したりしてしまっているわけだ。

ウソをつかなくても若者がストレートに自分の感情を表現できるように大人が導くべきか、それとも社会の側が少しくらいのウソは見逃して、その裏にある真意を汲み取るように変化していくべきか。大人としては後者のような〝ウソ社会〟は到底、認めがたいであろうが、実際にはすでにその方向への変化が始まりつつあるようにも思える。

悩む

ある映画監督の撮影現場を見せていただきに行ったことがある。監督が若い女優に出した指示が印象的だった。「そこはもっとあいまいな表情で！　若者はみんな悩んでいるんだから、それが出るような感じで！」。女優はうなずいて泣き笑いのような表情で演技をしたが、それを見ながら「はたして若者は悩んでいるのだろうか」と考えてしまった。

精神科の臨床から考えると、若者は明らかに悩まなくなった。というより、悩みが生まれそうになった瞬間に「何かをしでかしてしまう」というケースが増えた、と言った方がいいかもしれない。思春期を専門にしている同僚のひとりが、「最近は家庭での暴力、ひきこもり、過食に拒食、自傷、薬物依存に徘徊、万引き……。若い患者さんたちが「○○しました」という連絡を受けて、その対処に追われて一日が終わる。じっくりカウンセリングする時間なんてまったくないよ」とぼやいていた。

そういうケースの場合、「どうしてそんなことしたの?」と尋ねるのは、まったく意味がない。なぜしたのかわかっているなら、最初からそんなことはしないからだ。本人にもわけのわからない不安、あせりなどのモヤモヤが、心の中にふと生じる。「どうしてこんな気分になるのだろう?」と、そこでじっくりその〝第一次モヤモヤ〟と向き合えば、それは従来の意味での悩みになるだろう。しかし、今の若者はそれを悩みにまで育てる前に、モヤモヤに耐えられなくなり暴発してしまう。中には、モヤモヤが生じたことさえ覚えていない例もある。「ふつうにすごしてたはずなんですけど……。なんか、気がついたら家の中がメチャメチャになってました」ときょとんとしていた少年もいた。もちろん、記憶が飛ぶような器質的疾患ではない。

こういう若者たちを見ていると、悩むというのは実はかなり悠長な行為なのだ、とわかってくる。もしかしたら、今の若者が「悩んでいる」と言う場合は、その問題じたいが大したことではない、という意味なのではないだろうか。本当に深刻な問題になると、彼らは悩みを悩みとして育てることさえできなくなるはずだからだ。

つまり、「悩んでます」という若者には、じっくり悩んでもらい、数多くある人生相談の本や小説、映画などを薦めればそれでよい。悩んでいるときは、そういった、ふだんは「なんだ、こんなもの」と思うような本や映画を「わかるわかる」と感情移入しながら受け入れることのできる、貴重なチャンスだ。悩める若者はラッキーなチャンスに恵まれた、とさえ言えるかもしれない。

問題は、悩むことさえできない若者だ。悩んだ瞬間に、あるいは悩むより早くおかしな行動に走ってしまう彼らを、どうやって悩ませればよいものか。問題行動を無理やり制限するだけでは何の解決にもならないことは、一目瞭然であろう。

精神科医たちもこの問題に対する答えを見つけあぐねているのだが、私の考えでは「何かしでかしても、ちょっとした気晴らしにはなるが、何もいいことはない」ということを経験してもらうしかないのではないか。もちろん、取り返しのつかないことをしないよう、注意を払わなければならないが。

そして、何かをしてしまったからと言って彼らを見下したり、逆にしないからと言ってべたほめしたり、と評価をあまり揺り動かさないようにすることが、何より大切だ。少々のことでは見方を変えない大人が、いつも一定の距離であなたを見守っていますよ、と実感させてやる必要がある。そういうことを何度か繰り返すうちに、それまでは悩めなかった若者が「私、どうしてこんなことしちゃうんだろう?」と自分の心をゆっくり見つめるようになったケースを、いくつか経験した。

そのためには、まず大人が自分たちの社会の中で、悩む前に場当たり的な行動に出たり、ちょっとしたことで何かへの評価を大きく変えたりしないで、腰をすえてひとつの問題に取り組むことが重要。内閣の支持率が乱高下する、などという状況が若者たちにどれほど悪い影響を与えているか、大人はよく悩んでみる必要がある。

2 「どこかでだれかとつながりたい」の法則

笑う

知人の演劇評論家がなげいていた。「最近、小劇場でも大きな劇場でも、とにかく客席の笑いがうるさすぎて」。「え、でもそれって観客の反応がいい、ということじゃないの」と問い返すと、その人は首を横に振った。「そういうことじゃないんです。とくに若い人たちは、物語の流れから考えれば明らかに笑う場面じゃなくても、ちょっと役者が倒れただけで爆笑したりするんです」。

つまり若者たちは、ある動作やことばに触れたら反射的に笑い声をあげてしまう、ということらしいのだ。たしかにそう言われてみれば、若者と話しているとちょっとした単語や表情に反応して、思わぬ大笑いをされることがある。しかも、手を叩いて「本当におかしくてたまらない」と言いたげな表情をする人までいて、こちらがあっけにとられる場面も少なくない。「ノリがいい」というよりは、「こういう場面では笑うのがルールだから笑っている」

という印象だ。

いったいこれは、どういうことだろう。多くの大人は、すぐに次のようなことを思いつくに違いない。「反射的に笑う若者、これはテレビのバラエティ番組の影響だ。タレントが滑稽なことを言ったり変わったことをしたりしてスタジオの観客が大笑いする、といった番組を見すぎているために、自分もそういったことを目にしたら状況にかかわらずすぐに笑わなければ、と思い込んでいるのだ」。たしかに、これも理由のひとつかもしれない。

しかし、授業中でも講演会でも、とにかくちょっとでも面白いことを言うと、かえって気の毒になるくらい笑ってくれる若者たちを見ていると、「テレビの影響」以外の理由も思い浮かんでくる。

ひとつは、彼らにとっては「(他人の)笑いを取る」というのは、日常生活の中でも最重要で最難関の行動と見なされている。「今日は合コンだからなんとか笑いを取らなきゃ」「笑いを取るという点ではあいつにはかなわない」などと話しているのを、よく耳にする。

だから、何かを見たりだれかに会ったりしたときに、とにかく笑いで反応するというのは、彼らにとっては最高の〝おもてなし〟なのではないか。それほど面白くないところや場違いなところでも手を叩いて〝笑ってあげる〟ことにより、「私はあなたに敬意を払っているのですよ」という意思を表現しているのだ。ひと昔前は、水を打ったようにシーンとなって講演を聞くのが話者への敬意を表現する行為だったとしたら、今は「大笑いする」がそれなのだ。

また、「笑う」という行為で若者は、自らもその場に軽く参加している気分を味わっていると思う。演劇にしても講演にしても、あるいは少人数の会話にしても、一方的に見たり聞いたりしているだけでは、楽しんだという気になれない。むしろ、「自分はこの場には無関係なのか」という仲間はずれ感を感じてしまうこともある。そういう若者たちは、人より早く、大きな声や大げさな身振りで笑うことで、懸命に「自分もこの場にかかわっているのだ」ということをアピールし、自己確認しようとしているのではないか。

小学校の行事でもボランティア活動でも、今は何事をするにも「積極的に参加することが大切」と言われる。その中で育ってきた若者たちが、「とにかく何らかの形で参加しなければ」という思いから、とりあえずだれにでも簡単にできる「笑う」という行為を選び取っているのだとしたら。それはそれで、けっこう疲れることなのではないだろうか。「笑いながら疲れている若者」に、大人は「そんなに笑わなくてもいいんだよ。ここは劇場なんだから、受け身の姿勢でゆっくり静かに見ていなさい」などと声をかけてあげる必要があるような気もする。そしてもちろん、いちばん必要なのは、彼らが笑いという手段を使わなくても周囲や社会に参加している、という実感を得られるにはどうしたらよいか、考えることだ。

友だち

若者が使うことばで、もっともカバーする範囲が広いのが「友だち」ではないだろうか。よく「日本語の中で「どうも」ほど広い意味で使われることばはない」などと言われるが、若者に限って言えば、「広い意味のことばナンバーワン」は圧倒的に「友だち」ではないかと思われる。

この「友だち」に関するエピソードは、いくつもある。たとえば、会社を経営している知人が教えてくれた話。アルバイトの女子学生が「今度、友だちと暮らすことになった」と報告してきたので、てっきり同性かと思っていたら相手は男性だった。今はルームシェアをする男女も少なくないのでそれほど驚かなかったのだが、しばらくして「その友だちと入籍することになった」と報告が。「あなた、それは結婚ということでしょう」と言うと、「いえ、友だちと籍を入れるだけです」と言い張る。そのうち、「友だちとの間に子どもが生まれました」と言うのだろうか……。

また、私が治療を担当していたひきこもり傾向の強い少年が、ある日の診察で「友だちができた」と話したことがあった。「それはよかったね、どんな人？」と尋ねても、なかなか要領を得ない。どうやら彼の言う「友だち」とは、ゲームセンターで自分がよくプレイするゲームにときどき最高点を残す「ピロリン」のことらしい。高得点を出すと自分の名前を登録できる仕組みなので、「ピロリン」もおそらくボク「ゆーた」のことを知っているはず。まだ顔を見たことはないけれど、お互いライバルとして最高点を更新し合っているそうだ。

一方では結婚相手のことを「友だち」と呼ぶ人がいて、また一方ではゲームの画面に名前が残っているだけの人のことを「友だち」と呼ぶ。極端な例をふたつあげたが、その間に位置づけられるあらゆる人間関係が、若者にとっての「友だち」なのだ。

インターネットや携帯電話の普及は、さらにこの「友だち」のあり方を複雑にした。ある学生は「携帯でたくさん友だちができるサービスにハマっている」と言うので、てっきり〝出会い系サイト〟のことかと思ったら、自分の私書箱のようなところに名前もアドレスもわからない相手から入っているメール――しかも自由な作文はできず、何百もの定型文からひとつを選ぶだけ――を読んで、相手の私書箱に返事を出すのだという。「男か女か、年はいくつかもわからないけど、送り合うタイミングとかでなんとなく気が合うというのはわかる。でも、直接のアドレス知らないから、それ以上は連絡取れない。そこがいいんですよ」とのこと。

その学生に聞くと、やっぱりその定型メールの相手は「友だち」としか言いようがないのだ、という。さらに理由を尋ねると、「今の自分にとってはけっこう大切な存在だから」と答えた。顔を合わせていてもどうでもいい人もいるけれど、私書箱をのぞいてその人からの「元気?」といった何気ないメールを見るのは、とても心癒される瞬間。「メール来てるかな?」と一日、何度も気にしてしまう。心の中でそれだけの比重を占める相手というのは、いくら顔や性別がわからなくても「友だち」にほかならない。そう言うのだ。

そう考えてみると、「同居して入籍する友だち」も「ゲームセンターに高得点を残す友だち」も、それぞれ「今の彼、彼女には大切な存在」であることには変わりない。心の中で占める比重はかなりのものだろう。

かつて、友だちといえばそれは、「相手の性格や状況はもちろん、過去も未来の夢もすべてを知り、たくさんの時間をすごす相手」であった。でも、今の若者にとっては、知っている情報や共有する時間は、まったく関係ない。自分にとってある程度以上、気になる存在、それが友だちなのだ。だから、「一方的な友だち」や「友だち千人」もありうることになる。

逆に言えば、そういう中で「友だちがいない」という若者は、いかに深刻な状況にあるかということもわかるだろう。しかも、彼らにとっての「友だち」はあくまで自分側の意識の問題なのだから、「友だちになってやるよ」とこちらから強く働きかけても意味はない。「友だちがいない」という若者に「あなたは友だちだね」と思わせるのは、とてもむずかしい。ほんのひとことでよいので、定期的にメールを送り、「いつも気にしているよ」と実感してもらうことがいちばん効果的だろうか。

先生

今の若者は学校の先生などに関心がないのかと言うと、そんなことはない。逆に大学生の集まりに顔を出すと、教員の話題があまりに多く出てくるので驚くことがある。

では、彼らはいったい先生や教員の何について話しているのか。それは、一言で言えばウワサ話である。「○○先生、このあいだ若い女性と歩いているのを見ちゃった」「××先生っておしゃれだよね」といった何気ないウワサを延々と語り合っては、笑ったりびっくりしたりしている。もちろん、時には授業やテストの話題になることもあるが、それにしても「あの先生、授業のときってけっこう笑顔がかわいいよね」などと、内容ではなくてそのときの様子などについての話になることが多い。

彼らが、共通の知り合いであるほかの大人――だれかの親やどこかの店員など――についてそうやって語り合っているのを見ることは少ない。「先生」というのは、若者にとってある特別な意味を持つ大人であるようだ。

その意味でいちばん大きいのは、やはり自分と密接にして特殊な関係にある、ということだと思う。先生は自分に何かを定期的に教えてくれる大人であり、さらには成績や進級、卒業などを決定する権利を持つ大人である。今の若者たちにとって、そういう関係性のはっきりした大人というのは、よく考えてみるとそう多くない。親戚づき合いも減り、町内会長や近所のご意見番といった、役割の明確な大人も身のまわりから姿を消しつつある。親でさえ、〝友だち親子〟と言われるように自分とほとんど地続きの人間になってしまった。

精神医学者の中でも、これを「世代間境界の喪失」と呼んで問題視する動きがある。「だれでも友だち」という人間関係は、一見、風通しがよいものに見える。しかし、実は若者たちはその中で、自分をうまく位置づけることができず、いつまでも自分が何者かを定められずにいるのではないか、というのだ。もちろん、「親だから」「町内会長だから」と意味もなく権威を振りかざされるのは、絶対にイヤだ。ただ、だからといって自分を指導しお手本を見せてくれるべき人が、いつも自分と同じ目線の高さにしかいてくれない、というのも若者にとってはまた困ることなのだ。

そういう意味で、関係がはっきりしている先生というのは、若者にとってはとてもわかりやすく安心できる存在なのだろう。私の知人の大学教員が、学生に「キミたちも大人なんだから、私のことを先生と呼ばずに○○さんと呼びなさい」と言ったが、一向に「先生」をやめてくれない、と話してくれたことがあった。彼らとしては、せっかく手に入れた「先生」という特殊な関係をそう簡単には手放したくないのかもしれない。

もちろん、当の先生たちにとっては、学生が授業や研究の内容についてではなくて、自分のウワサ話を語っているというのはあまり愉快ではないだろう。ただ彼らはそうやって、自分と密接な関係があり、ちょっとだけ自分に影響力も持つ大人について語る喜びを満たしているのである。「先生のくせに朝までカラオケに行っちゃったらしいよ」などと、〝○○のくせに〟というフレーズを堂々と使ってもよい大人は、もしかしたら彼らには先生しかいないかもしれないのだ。

だから先生というものは、十分に若者たちがウワサの対象にしたくなるようなユニークな言動やファッションをして見せる必要も時にはあると思う。ただ、もちろん自分が持っているちょっとした力を悪用したセクハラなど、ダークなウワサになるようなことをするのは言語道断。そして、「あの先生ってさ」とチャーミングなウワサが十分、語られるような先生なら、若者はその授業や研究にも関心を持ってくれるはずなのだ。

今の若者にとっては数少ない関係性のはっきりした大人である先生。その役割は意外に大きいが、それを自覚している先生は残念ながらあまり多くない。

テレビ

もう二十年も前に、ある雑誌が「テレビは終わった」という特集を組んでいたのを覚えているが、テレビが終わるきざしはまったくない。ある通信会社の人が、「携帯電話やネットがこんなに普及しても、若者のテレビ視聴時間は減っていない」と調査結果を見せてくれたことがあった。その人が推理するには、若者は好きな番組の隙間を縫うようにして携帯を利用しているだけで、ある番組を見るのをまったくやめてしまったりはしないのでは、ということだった。

たしかに、ほとんどの若者はテレビをよく見る。不況で街に活気がなくなったせいや、自宅がたまり場になることに親が難色を示さなくなったせいもあり、だれかの部屋に集まってテレビを見たり音楽をきいたり、という遊び方が復活してきたという社会学者の話も聞いた。

今の若者はテレビと独特の距離感を保ちながら、つき合っている。大雑把に言えば、七〇年代までは「カメラの向こう」は夢の別世界だった。テレビから流される情報を視聴者は何でも信じ、出演者はあこがれの存在。

ところが、八〇年代後半になると、そのテレビの作り方や裏側を見せる番組が増えてきたり、やらせ問題が相次いで明るみに出たりした。「なんだ、テレビってこうやって作られているものか」というからくりに多くの人は気づき、「これもやらせじゃないの」と醒めた目で見るようになった。すべての人が制作サイドの視点にまわった、とも言える。

しかし、九〇年代になりバブルが崩壊し、阪神大震災、オウム真理教事件などの大災害、大事件が続くと、だれもが「私はプロデューサー」という余裕の態度でテレビを見られなくなった。「テレビは終わった」と言い続けながらも、「テレビでも見るしかない」あるいは「見ずにはいられない」という状況が再びやって来たのだ。

そういった時代を通過して、今の若者たちはテレビを決して特別視してはいないが、かと言ってプロデューサー的に相対化してそれを見ているわけでもない。日常の知り合いや職場の話題とほとんど地続きに、テレビドラマの話やお笑いタレントの話をし始める。現実からテレビの話へ、どこでスイッチングしたか、うっかりすると聞き逃してしまうほどだ。

テレビやテレビタレントを特別視していない、という点はよいのだが、ここまで日常とテレビを同じ地平の上で語ってよいのか、と不安になることもある。「どこまでが現実で、どこからがテレビの中の作りもの」と判断するだけの検閲機能を、若者たちは失ってしまったのではないだろうか、と。

テレビを作る側にとっても、これは不思議な感覚のようだ。あるタレントと仕事をしたときに、「昔のように外でもジロジロ見られたり騒がれたりすることはなくなったのはいいんだけど、いきなり友だちみたいに「このあいだの意見だけどさ」と話しかけてくる若い人が増えたのは困惑する」という話を聞いたことがある。モニターの向こうとこちら、その境目が限りなくあいまいになっているのだろう。たしかに、バラエティ番組でも一般の若者の恋愛のプロセスをドキュメンタリーっぽく流すなど、作りものかそうでないのか、あえてわからなくしているものがここ数年、急激に増えた。

そのうち多チャンネル化がすすみインターネット放送が普及すると、テレビの向こうと日常の境目は完全になくなり、一般の人もモニターの中に自由に出たり番組を制作したりできるようになるのかもしれない。しかし、そこで問題になるのは、だれかが意図的にかたよったメッセージを放映し、見ている若者がそれを「これも現実」と受け入れてしまう危険があることだ。それとも、テレビを作る側も、最初から「現実もテレビも同じこと」と思い込んでいる若者の世代になれば、その危険はなくなるのだろうか。あたりまえで今や大したことないものになってしまったが、これまでにないほど日常に浸透しているテレビを、意識的に悪用しようとする人が出てこないかどうか、しばらくは大人の監視も必要かもしれない。

贈り物

今の若者はちょっとした贈り物が好きだ、と言われるようになってから、もう十年以上たつだろうか。このことが世の中でクローズ・アップされ始めたころ、よくこんな分析が雑誌などに載っていた。「今の子どもや若者の親は、高度成長期を通して豊かな生活がそれなりに身についている。だから、自分の子どもにも実用だけではなく〝趣味のよいもの〟を与えてきた。だから、友だちどうしでもあまり理由がなくても、ちょっとした贈り物を贈り合うのだ」。

たしかに大人たちが贈り合うものには、中元や歳暮から賄賂まで、「こうやって感謝していますよ」「よろしく便宜を取り計らってください」など、はっきりとしたメッセージや目的がこめられている場合が多い。それに比べて、若者が「はい、これ」と唐突に差し出す贈り物には、意味や動機が見えにくいことも多い。プリクラやシールになると、「もらったからあげた」と、交換することじたいが目的になっていることさえある。

しかし、よく聞いてみると彼らの贈り物は、それがどんなに小さな何気ないものであっても、それなりに大人同様、いやそれ以上のメッセージや意味を持っているのだ。誕生日とか記念日はもちろん、「ノート貸してくれたから」「失恋したって聞いたから」「ちょっと遠出してきたから」など、若者たちの小さな贈り物には何らかの理由が必ず隠れている。しかも、そのメッセージは必ずしも相手に伝わらなくてもいいようであるし、時によっては誤解や間違いに基づくものであってもかまわないようだ。

あるとき、私がカウンセリングを担当していた高校生が、お菓子についてくる小さなマスコット人形をくれた。そのまま帰ろうとしていた彼女に「どうしてくれるの？」と聞くと「先生、最近元気ないから」と答えたが、私は別に元気をなくしていたわけではない。それは明らかに彼女の誤解だった。しかし、彼女にとっては「元気がない(ように見える)主治医を励ますために贈り物をする」という行為そのものに意味があるのであって、実際にその人形で私が元気を回復するかどうかは、それほど重要ではないのかもしれない。そして私の方も、「いや、私は元気だよ」とその人形をつき返したりする必要はまったくなく、「誤解にせよ、かわいい人形をもらったのはなんとなくうれしい」とだけ思うべきなのだろう。もっとよいのは、「これ、お返し」と簡単な贈り物をすることだ。そうすれば相手も「なんとなくうれしい」という気分になれる。さすがに臨床の場では、それはできないが。

つまり、ものをあげる、もらうという行為を通して、正しいコミュニケーションは成立していないわけだが、それぞれが自己完結的に「あげてよかった」「もらってうれしい」と感じればそれでよいのだ。

コミュニケーションのようでいて、実は正しいメッセージは伝達されていない。ただ、「よかった」「うれしい」という快の感情や雰囲気だけは、なんとなく共有される。そこで、相手に対しても「いい人だな」といった漠然とした好意の感情が生まれる。若者が頻繁に贈り合う日常のちょっとした贈り物とは、そういう〝なんとなく好き、の空気〟を増殖させるためのものだと思う。

だから、若者から何かをもらった大人が、「これはどういう意味なのだろう？ 日ごろ、指導している私への感謝、いや愛の告白か？」などと、そこにはっきりしたメッセージを読み取ろうとすると、とんでもない誤解につながることもある。いや、それどころか「あなたからの贈り物にこめられた愛情、しっかり受け取りましたよ」といった強いメッセージを返してしまうことで、せっかく生まれかけた〝なんとなく好き、の空気〟が消えてしまうことさえある。

彼らからちょっとした贈り物を受け取った場合は、「その真意は？」と考えこまずに気軽に受け取り、何かの機会があれば、またちょっとした贈り物をわたしてあげるとよいだろう。しかし、大人には「何も意味をこめないでものを贈ること」は、きわめてむずかしい。だとすれば、下手に「これ、ちょっとしたもの」などと思い入れたっぷりの贈り物を返して警戒されるよりは、「お、ありがとう」とことばと笑顔だけにとどめておく方が、まだ安全かもしれない。

占い

インターネット全盛の現代だが、いろいろな種類のホームページを作っている人から興味深い話を聞いた。「私が作っている中でいちばん人気は、なんといっても占いのホームページなんですよ」。また、姓名判断のホームページでの回答がきっかけで実際に改名した、という若者に会ったこともある。インターネットというハイテクな装置で占いをする。なんとも不釣合いな気がするが、若者たちにとってはごく自然なことに思えるようだ。

占いブームはもう何十年も前から続いていると言われているが、最近になっても一向に衰える様子はない。さらには自分の運勢を占ってもらうだけではなくて、「おまじない」をして運を変えようとしたり、中には「呪い」をかけて恋のライバルやイヤな上司の不幸を願ったりする若者も増えている。占い雑誌を開くと、前近代的な願かけやオカルト的な前世占いなどの記事がいっぱいで驚いてしまう。

では、どうして二一世紀になっても、若者たちは占いにすがろうとしているのだろう？ これには、時代に左右されない普遍的な理由と、現代ならではの理由があると思う。まず普遍的な方だが、人はだれでも、「どこかに〝自分のすべてを知るもの〟がいるのではないか」という幻想を一度は抱く。自分がこの世界に生まれてきたという事実はあまりに神秘的で、理由を考え始めると頭が混乱したり不安に陥ったりする。そんなときに「あなたが生まれてくることはずっと前から知っていましたよ。そしてこれからどうなるかもわかっていますと言ってくれるだれかの存在を、つい求めてしまう。子どもにとってはそれは母親であり、ある人たちにとっては神や教祖であろう。

しかし、いつまでも母親にすがることもできず、かと言って宗教に入信する決意もつかないほとんどの若者たちは、「まあ、考えないようにしよう」と自分の存在の不思議さに目をつぶって、社会生活を始めることになる。とはいえ、恋愛や仕事で挫折したとき、人生の岐路に立たされたときなど、自分の力だけでそれを乗り切っていくのはあまりに厳しい。そこで占いをしてみて、どこかにいるかもしれない〝自分のすべてを知るもの〟の声をちょっとだけ聞きたくなるのだ。これはおそらく、昔も今もそう変わりはないことであろう。

次に、現代ならではの理由について見てみよう。高度成長期もバブル期も終わり、日本は先の見えない不況のトンネルをなかなか抜け出せない。世界の状況を見ても、「がんばればがんばっただけ幸せになれる」という時代はどうやら終わりを告げた感がある。努力してよい大学に入っても、一流企業に就職してもどうなるかわからない、何をやったって同じさ、という無力感が社会に広まり、「こんなにがんばっているのにどうして報われないのか」という理不尽な思いを抱く人も増えている。

そういう中で自分の怒りや憤りを少しでも減らすには、占いで「あなたがうまく行かないのは、運勢が悪いから」と説明してもらうしかない。そうすれば、「そうか、私がこういう状況なのは実力不足のためではなくて、運が悪いからなのだ」と、自分をいくらかは納得させることができるはずだ。そのためには、理屈っぽい精神分析や哲学より、はるかに突拍子もなく、かつストレートな前世占いなどの方が、ずっと説得力を持つ。今の性格の欠点を現実の父親との関係であれこれ説明されると抵抗を感じるが、「前世で隣国の王に受けた傷が今でも影響を与えているせいだ」と言われれば、なるほど、と素直に受け入れられる。

若者たちに広がる占いブームには、こういう普遍的な理由と現代的な理由が隠れている。

しかしどちらにしても、その陰には若者が抱く不安、不満、理不尽な思い、といったややマイナスの感情が隠れていることは否めない。「占いをさらなる飛躍のきっかけに使う」とか、さらに「占いなんて古くさいものがなくたって、自分の力だけでやっていける」と若者たちが思える時代は、再びやって来るのだろうか。

食事

ある精神科医が「ランチメイト症候群」という最近の現象について語り、話題になったことがあった。主に女子学生や若い女性社員に多いというこの現象の特徴は、「みんなといっしょにランチを食べたい」と思うが、断られたときのことを考えると声をかける勇気が出ないというものだ。「ひとりで食べることになったらどうしよう」と不安になり、学校や会社に行けなくなってしまう例もあるとのこと。しかも最近は、若い男性の間にもこの傾向が広まりつつある、とその精神科医は述べていた。

私自身、実際にこの「ランチメイト症候群」の症例に出会った経験はないが、たしかに大学の学食に行って意識して眺めてみると、ひとりで食べている学生はきわめて少ない。かといって、五人以上の〝団体〟で食べている人たちもいない。ほとんどは二人から四人くらいの少人数で、楽しそうにしゃべりながらお昼ごはんを取っている。一方、職員や教員は、ひとりで食べている人もいれば、同じ部署や学科で十人くらいがひとつのテーブルに固まっている場合もある。しかも、どんなにたくさんであっても黙々と、あたかも仕事の一環のように食べ、あっという間に去って行くのが特徴。どうやら、同じ学食で「ランチを食べる」という同じ行為をしているように見えても、若い学生と職員ではその質がまったく違うようだ。

この例からもわかるように、若者にとってはたとえ一回のランチであっても、それが自分の部屋ではなくて学校や職場でするものであれば、ただの食事以上の意味がそこに加わる。「何を食べたか」「どれくらいおなかいっぱいになったか」よりも、「私はこの数人と友だちなのよ」「この時間はこんな面白い話題を語り合った」という方が重要。そういえば若い女性の多い職場に配るリビング紙を編集している知人は、「うちの新聞のいちばんの需要はランチタイムの話題づくり」と話していた。今の若い女性たちは、連れ立って出かけたランチタイムで話題が途切れることをとにかく恐れているので、その情報紙を見ながら「このお店、よさそうだね」「あ、この人、知ってる」などと話題つなぎをするそうなのだ。

かつて、若者と食事をめぐる心のトラブルといえば「ランチメイト症候群」のまったく逆の「会食恐怖症候群」の方がポピュラーだった。これは、その名の通り、ひとりでなら外食もできるが、他人が近くにいると緊張してうまく食事ができなくなるという、自意識が先鋭になる若者ならではの行動障害。彼らは、「食べている姿が格好悪いのでは」「粗相をしてしまうのでは」と他人の前で恥をかくことを恐れるあまり、自然に食べたり飲んだりができなくなってしまうのだ。これに比べれば、「友だちや同僚といっしょに食事をしたい」という「ランチメイト症候群」は深刻さが薄いようにも思えるが、そうだろうか。「自分が人にどう見えているか」という「会食恐怖症候群」の若者は、自己イメージがまがりなりにもできているからこそ、他人の視線を過剰に気にしてしまう。ところが、「だれかといっしょでなければ、話題や情報の洪水の中にいなければ不安」という「ランチメイト症候群」は、ひとりではとてもいられないほどまだ自己イメージができ上がっていない、とも考えられる。

いずれにしても若者にとって、食事は「ただおなかがいっぱいになればよい」というものではない。それは、自分が自分であることを確認するための大切な場であるのだ。それをひとりでするのか、何人かの仲間とのつながりの中でするのかが、昔と今とでは変わってきているわけだが。

若者に「どう？ ご飯でも」と誘うときは、大人はそのあたりのことを少しだけ意識する必要がある。おいしいものや高いものをおごるだけではなく、彼らが食事を通して「よし、今日も自分らしくいられた」と確認できるよう、会話や表情にも気を配ること。必要以上におもねることはないが、「君ならどんなメニューを選ぶ?」「君はおいしいと思う?」と、相手の意志や感情をちょっと確認してあげるようにする。このことを忘れ、ただ「今日は一流店に連れて行ってやるぞ」といった誘い方をして、一方的に蘊蓄《うんちく》を傾ければ、「この人、食事の意味も私がいる意味もわかっていない」と思われてしまうだけだろう。

敬語

そもそも敬語というのは、どうして使わなければならないのだろうか。敬語の敬はもちろん「敬う」という意味だが、それよりも丁寧なことばづかいをし合うことで、なんとなくその場の気分を和ませる、雰囲気をおだやかにする、という意味合いが大きいのではないか。

今の若者は、「相手を敬う」という意味での敬語ならたしかに下手である。謙譲語はもっと苦手で、「会社に勤めたら、電話を取りつぐときにはたとえ上司であっても「ただ今、山本はおりません」と呼び捨てにするんだよ」と話したら、学生たちに「面白い」と笑われた。

しかし若者は、場を和ませることばや言い方なら非常に得意だ。ただ、それは大人が習った丁寧語などとは、かなり違っている。

最も目立つのは、メールでの絵文字や顔文字の多用。「レポート明日まで待って」の後に、記号を組み合わせた泣き顔のマークや「(苦笑)」なども大量に使い、懸命に自分の感情や心境を表現しようとする。こんな苦労を払うくらいなら、「レポート一日、待っていただきたくお願い申し上げます」と書いてしまった方がどんなに簡単か、と思うほどだ。

そのレポートにしても、課題についてひと通り論じたあとに、「P.S.」と記して授業の感想、最近の自分の日常などを書いてくる学生が多い。ある同僚の教員は、そういう蛇足がついているだけで無条件に落とす、と言っていたが、よく読むと、彼らは必ずしも媚を売ろうとして追伸を記しているのではない。数行の中でセンスのよい言い回しなどを使いながら、彼らなりにレポートをうまくまとめられなかった謝罪や、講義に対する感謝などを示しているようでもある。これなども、彼らなりの〝敬語〟に相当すると考えられるのではないか。

このように、従来の敬語は身についていない若者でも、決して人間関係を軽視したり鈍感になったりしているわけではない。逆に、通りいっぺんの敬語を使う以上のエネルギーを使って、なんとか自分の気持ちを伝え、関係を良好にしようとしている、とさえ言える。

そんなことをするくらいなら、ちょっとがんばって敬語の使い方を覚えてもいいのではないか。そう思う大人もいるだろう。しかし、小学校や中学の国語で習うはずの敬語が身につかないのは、彼らにとって、それはあまりリアリティが感じられないものだからではないか。

「あなたはそうおっしゃいますが」と言われても、若者はあまり自分が尊重されたような印象を持たない。それよりは、「そんなこと言ってるけどね☆」と、そのときどきに応じた記号を使ったメールを受け取ったり、にっこり笑ってもらったりした方が、よほど気をつかわれている感じがする。だから、自然に「おっしゃっている」という語法の方は記憶から脱落していき、かわいいマークやチャーミングな表情やしぐさの方だけが残っていくのだろう。

その原因には、大人どうしの空疎な敬語のやり取りというのもあると思う。明らかに相手を見下しているのに「○○様のお考えにも一理あるとは存じますが」などと口にする上司や、バイト先で「客からクレームをつけられたら、ひたすら「心からおわび申し上げます」と頭を下げればいいんだ」と教える店員などを見ているうちに、カタチとしての敬語には何の意味もないことに気づいていく。その中で、本当に相手を大事にするためには、これまでとは違う表現法を自分たちで作らなければ、と自然に思うようになっていったのかもしれない。

とはいえ、その行き着く先が顔文字やシール、大げさなしぐさだけ、というのもやや寂しい。カタチだけの空疎な敬語と、心はこもっているがやや幼稚な若者風表現法、このふたつがうまく折り合うコミュニケーション法が、どこかにあるはずなのだが。

3

「まず見かけや形で示してほしい」の法則

化粧

一時期、「素顔の美しさ」や「ナチュラルメイク」がさかんに推奨されていたことがあった。この背景にはフェミニズム運動の高まりや女性の社会進出などもあったのだろうが、とにかく八〇年代には、「仕事のできるオンナは、化粧などにこだわらず自然体で生きるべし」というメッセージが巷にあふれていた。

ところが、今はどうだろう。デパートの化粧品売り場にはおびただしい数のメーカーが並び、競い合うように新商品を売り出している。キラキラ輝くラメ入りのアイシャドー、ぬらぬらと濡れたようなツヤを出す口紅など、ナチュラルとはかけ離れた人工的なメイクアップ用品がとくに売れているという。インターネットなどでは、コスメ・フリークと呼ばれる化粧マニアたちがホームページを開き、日夜、熱く基礎化粧品やメイクアップ用品の談義に花を咲かせている。その職業も、主婦やOL、学校の先生に学者、と実にさまざま。

さらには化粧の低年齢化も進み、小学生を対象にした雑誌にもメイクアップ技術の記事が載っている。彼女たちが言うには、「中学になると校則でお化粧も茶髪も禁止だから、小学生のうちに思い切っておしゃれするんだ」。

つまり、今や年齢や立場を問わず、女性であれば(いや、最近は男性がちょっとした化粧をして街に出てもだれも驚かなくなった)だれもが過剰なまでの化粧を楽しむようになった、というわけだ。

これは主に女性たちにとって、「よいこと」だと言えるのだろうか。冒頭に述べたように、八〇年代までの「女たちよ、化粧をやめて社会に出よう!」というメッセージには、長い間、男社会の中で「女はきれいにして家にいればいいんだ」と抑圧されてきた女性たちの反発、という意味があった。あるいは、女性たちの間でも化粧に熱中する女性に対して、「結局、男性の目を引きたいのではないか」と冷たい視線が送られたのも事実だろう。

ところが、八〇年代の半ば頃から社会での男女平等がだんだん実現するに従って、「女性の化粧」から「男たちのために美しくなること」という意味が急速に消えて行ったのだ。そこで、「男の目」から解放され、「自分が美しくなりたいからするのだ」と、女性たちが自由に化粧を楽しめる空気が次第に広まった。また、そうやって自分のために化粧をする女性に、「何か目的があるんでしょう」と疑惑の目を向ける女性たちもいなくなった。それは、とてもよい傾向だ。

しかし、一方で少し気になることもある。「女たちもおしゃれや化粧にこだわらずに、実力で勝負しよう！」とフェミニズム論者に励まされながらがんばってきた女性たちの中には、九〇年代になって不況が訪れると同時に、リストラされたり起業に失敗したりと憂き目に会っている人も少なくない。そういう中で、「女はやっぱり外見なのよ」「美しい女が結局、勝つってこと」という声が、若い女性たちの中から亡霊のように復活してきているのだ。

そういう若い女性たちは、化粧やファッションだけではなく、〝プチ整形〟と呼ばれる手軽な美容整形手術にも迷わず手を出し、自分の容姿をできるだけ磨いてチャンスをつかもうとする。そのチャンスとは、収入の高い男性と結婚することから会社の中で一目置かれること、モデルやタレントになることまでさまざまだが、とにかく「中身で勝負してもしかたない、最後はルックスだ」という身も蓋もない価値観が、不気味に若者の間に広まりつつあるわけだ。実力で勝負した男女雇用機会均等法第一世代の先輩たちは、あまり幸せになっていないじゃない、というのが若い女性たちの偽らざる実感だ。

商品の情報を集め、あれこれと工夫して自分を少しでも魅力的に見せようと化粧に夢中になる今の若い人たちに、「人間、見た目じゃないよ」などと言っても、「きれいごと言わないで」と軽蔑されるだけだろう。ただ、「外見もすてきだが、あなたの良さはそれだけじゃない。あなた自身であるということが最大の魅力だし、それをわかってくれている人はたくさんいるはずだ」と言ってほしい、と思っている若者は意外に多いということは、つけ加えておこう。

買い物

少しつき合いが深くなった若い女性から、「私、買い物依存かも」と打ち明けられる機会がときどきある。ほとんどの場合、カード破産にいたるような深刻な状態ではないのだが、買い物をする予定のない日でも、ドラッグストアや雑貨屋に寄るとつい何千円か買い物をしてしまう。ブティックで試着だけ、と思ってもつい「買うわ」と言ってしまう。「今月も貯金、できなかったんですよねぇ」と明るく笑う顔を見ながら、「買い物が気晴らしになってるならいいんじゃないの」と答えるが、心のどこかで少しだけ心配にもなる。今は気晴らしになっている買い物が、いつかそうでなくなっていく例をいくつも見たことがあるからだ。

では、気晴らしにならない買い物、とはどういうものなのか。それは、自己肯定感を与えてくれる買い物だ。

たとえば、私が治療者としてかかわっていた買い物依存症の若い主婦は、こう言っていた。

「毎日、一生懸命、家事や育児をしていても、だれも何も言ってくれません。こんな私を唯一ほめてくれるのは、お店の店員さんだけ。試着をすると、本当にお似合いですね、かわいい、と言ってくれる。「じゃ、いただきます」と言うと、お目が高い、ぜったいお買い得ですよ、ともっとほめてくれる。それを聞くたびに、とてもいい気分になって自信がわいてきます……。店を一歩出ると、「また買ってしまった」と落ち込むんですが」。

もちろん、店員は商売でほめているのを知ってはいるのだが、それでも「すごい」「すばらしい」と手放しで自分を肯定してくれることばがほしい。趣味や仕事などほかのことでは、それほど簡単にだれかにほめられるかどうかは、わからない。もちろん、家庭ではだれにもほめてもらえない。

本当は、思春期の年齢を超えたら、人は自分で自分をある程度、ほめたりなぐさめたりできるようになるものだ。「自分で自分をほめたい」と言ったマラソン選手がいたが、マラソンの場合だけでなく、毎日の仕事や勉強、家事でも人は「よしよし、よくやった」「失敗したけど、またがんばればだいじょうぶさ」と、自分で自分をほめたり励ましたりしなければならない。

しかし、今の若者たちはどうもそれが苦手なようだ。いつもまわりの誰かから、「よくがんばってるね」「すごくいいじゃない」と肯定してもらえないと、不安になる。そして、それをわかっているから、若者どうしは「今日の洋服すっごくかわいいね」「カラオケの天才じゃないの」などと過剰に、しかし何気なくほめ合って、お互いの自己肯定感が薄れないように気をつけ合っている。相手のちょっとしたファッションや持ちものにほめるべき点を見つける彼らの感覚には、驚かされる。

ところが、そう毎日毎日、だれかがほめてくれるわけではない。まして、会社に勤めたり主婦になったりすると、ほめてもらえる場面などほとんどなくなってしまう。そのときに、自分で自分をほめる能力がそなわっていない人の場合、「とにかくだれかにいいね、すごいね、と言ってもらいたい」とあせりを感じ、ついデパートやブティックへ……となりがちなのだ。

今、数百円、数千円のちょっとしたムダづかいを楽しんでいる多くの若者の買い物好きには、そういった自己肯定を渇望する病的な一面はない。しかし、「ありがとうございました」「すごくステキですよ」と、店員に全面的に肯定される快感に慣らされてしまうと、それがいつか「もっと私をほめて」という、より深刻な買い物依存に結びつかないとは限らない。実際、私ですら学生たちに日ごろ、「先生、そのクツ、かわいい」などとほめられ慣れていると、それがない日にはふと不安になることがある。

もちろん、その前にだれにほめられなくても自分で自分を支え、自己肯定感を身につけることができれば、買い物に過剰に走ってしまうこともなくなるはず。そのためには、失敗してもひとりでやり直せる、挫折しても違う形で夢をかなえられる、という〝リセットのきく社会〟を作る必要があると思う。一度、つまずいてもまたゆっくり立ち上がれる、という経験を積んでいけば、若者は「よしよし、これでいいんだ」と自己肯定感を育てて行くことができるのではないだろうか。そのためには、大人もつまずいた若者にすぐ手を差しのべるのではなく、自分の力で彼らが再スタートをし始めるのをゆっくり待ってやることが大切だ。

からだ

「からだは大事だよね」という声は、大人だけではなく、若者の間でもよく聞かれる。いっしょに食事に出かけても、「これ、からだにいいんだって」と言いながらメニューを選ぶ若者も少なくない。ただ、彼らが言う「からだ」とは何のことか、と考えてみると、そこには大人が考えるからだとの間にちょっとした違いがあるようにも思える。

なぜなら「からだは大事」と口では言いながら、実際には「からだに悪い」ことをしている例も少なくないからだ。たとえば、臨床の場面でも健康な若者と話をしていても、インターネットなどを介して、(医学的に見ると)あやしげなダイエットや元気回復などのサプリメントを気軽に買って飲んでいる人が多いことに驚く。「それは効果もないし、かえってこういう危険があるよ」と説明しても、「今は何ともないから」とピンと来ないような顔をされることもある。とはいえ、ダイエットのためには将来の副作用も覚悟している、というわけでもなさそうなのだ。

やや極端な言い方をすれば、今、自分が持っているからだを三年後も十年後も連続して使う、という意識に乏しいのだ。そのため、とりあえずこのからだを使うだろうと想像できる数週間後に体重が減っているように、あるいはとりあえず今週、元気を出すために、「いいよ」とすすめられたサプリメントや医薬品を気軽に口にしてしまう。

たとえば、若者たちに流行っているファッション感覚の入れ墨、タトゥーにしてもそうだ。昔は「入れ墨を入れる」ということは、「一生変わらない決意を表明する」というのと同じ意味だったはずだ。逆に言えば、一生消えないものだからこそ、タトゥーには意味があり、それを入れている人は周囲から一目置かれたわけだ。

ところが、最近のタトゥー雑誌を見ていると、若者には「タトゥーは一生消えないもの」という意識すらなく、ごく気軽に、気に入った模様や恋人の名前をからだに刻んでいる。そういう雑誌の編集者に聞いたところ、親たちの中にも「ひきこもりなどになるより、元気にタトゥーでも入れて仲間を作ってくれていた方が安心」と言う人がいるそうだ。つまりタトゥーは今や、「とりあえず今はこれが好き」とか「とりあえず今はこの人たちと仲間」という〝とりあえず〟のサインでしかなくなっているのだ。

とはいえ、意味が変わっても、タトゥーじたいがすぐ消せるようになったわけではない。タトゥーを入れた若者が〝とりあえず〟の時期を越し、「もうこの人たちと仲間じゃなくなった」と思っても簡単に消せるわけではない。変わったのはタトゥーではなくて、「自分はこのからだとずっとつき合っていくのだ」という、からだに対する意識や感覚の方なのである。だから若者たちは、あたかも髪をいろいろな色に染めるのと同じように、簡単に整形をしたり、半永久的に落ちないアートメイクを施したりするのかもしれない。今のところ〝とりあえず〟の感覚で施したタトゥーやアートメイクの始末に困った、という話はまだ多く聞かない。ある若者は「いつかは消せる技術もできるでしょ」と言っていたが、それくらいの意識でいる人が多いのかもしれない。

このからだに対する〝とりあえず〟の感覚は、ときとして彼らに不安や心もとなさを与えることもある。「自分のからだなのにロボットを操っているみたい」と、精神医学でいう離人症のような訴えをする若者が目につくのも、からだとどう折り合いをつけてよいかわからない彼らの戸惑いを現している。それが行きすぎると、「これが自分のからだだ」という実感を取り戻すため、過激な行動（自分や他人に対する暴力、食べ物を詰め込めるだけ詰め込む過食など）の暴発が起きてしまうこともある。

自分のからだは〝とりあえず〟のものではなくて、長く大切につき合っていかなければならないものであること。今だけ元気になったり美しくなったりするのではなく、十年後、二十年後も健康でいられるよう、気をつけなければならないこと。それを若者たちにことばではなく、実感してもらうためにはどうすればよいのか。「実際にからだを使ったり自然に触れあったりしてもらうべき」と言う大人も多いが、それだけで簡単に「自分」と「からだ」はまたぴたりと一致するものなのか。もう少し多角的にいろいろな方法を考えなければ、「このからだは〝とりあえず〟のもの」という彼らの感覚を修正するのはむずかしい、という気がする。

バイト

今も昔も、「大学にほとんど来ない若者」がいる。そういう話を聞くと、戦中派なら反射的に「勤労学生なのだろうか」と思い、団塊の世代なら「モラトリアム学生か」と思うかもしれない。それより下、バブル世代にあたる私は「夜遊びしすぎてんじゃないの」と、さらに下なら「ひきこもりか」と思うのではないか。「大学に来ない若者」に対する解釈は、世代によっていろいろだ。

では今、あまり大学に出てこない若者は、実際には何をしているのだろう。

正解にいちばん近いのは、意外にも戦中派だ。彼らの多くは、アルバイトに熱中しているようなのである。大学ではぼうっとしてあいさつも満足にできないような若者が、バイト先のコンビニやファミリーレストランでは、別人のように生き生きと働いている姿を目撃して驚くことも少なくない。「何時まで働いてるの？」「毎日、朝五時までです」。それでは大学ではなく、あくまで闘う相手があり、勝ち負けを決めるルールがあっての闘い。

そういえば、ふだんの講義や実習ではあまりやる気を見せない学生が、コンペに応募するとなると、驚くほど力を入れて作品を作る場面を何度も見た。最初は、名前が新聞に発表されたり賞金が出たりするからかと思ったが、コンペの規模にかかわらず同じようにがんばるところを見ると、報酬につられているわけではないらしい。どうも「勝敗が決まる闘い」という設定が、彼らを〝ファイター〟にしているようなのだ。「それだけがんばれるんだから、ふだんからもっと努力して自分を磨けば」などと言っても、あまり効果はない。

ひと昔前、「自分との闘い」ということばが流行ったことがあった。これは、他者との勝ち負けではなく、あくまで自分の納得のいく結果を残すことが重要、といった意味であったはずだ。ところが今の若者にとっては、相手のいない「自分との闘い」ほどやる気の出ないものはない。それより、どんな小さなものであっても現実に相手のいる闘いをしたいのだ。

とはいえ、彼らが望む闘いは、あくまでだれかが作ってくれたワクの中にあることが必要だ。格闘技にしても大食い選手権にしても作品のコンペにしても、きちんとしたルールがありジャッジも決まっている。それなら、たとえ敗者となっても「これはこの試合に限った負けなのだ」と自分に言い聞かせることができる。もし、ワクもルールもない闘いであれば、それがどんなに小さな負けであったとしても、彼らは自分の人間性が丸ごと否定されたような挫折感を味わうことになるだろう。だから若者にとっては、ワクのない日常生活で知り合いに「あなた、おかしいと思うよ」と批判される方が、五万人が見守る東京ドームでテレビ番組のゲームにのぞんで負けるより、ずっと恐ろしいことなのだ。

ワクやルールがはっきりした闘いと、はっきりしない闘い。その中間に位置するのが、どういう基準で選考しているのか、今ひとつわからない就職試験だ。就職試験に対して、「これはルールのある闘いだ」と割り切れる学生は、高望みのところから無難なところまで何十社も受け、不採用が続いてもけっこう楽しそうにしている。ところが、「これは決まりのない闘いなのだ」と思ってしまうと、一社から不採用通知が来ただけで「私のことを必要としてくれる人などどこにもいない」と、自分の人格全体が否定されたように激しく傷ついて、その後の活動をやめてしまう。

学校や職場で、若者をその気にさせようとしたら、ちょっとしたルールを作って「さあ、思う存分闘いなさい。そして負けたとしても、それはこのワクの中だけのことだから、あまはや成り立たない。野良ネコに毎日エサを与えるようなやさしい若者が、駅でぶつかった会社員をなぐりつける。福祉の仕事で老人の世話に明け暮れる若者が、自分の恋人にはひどい暴力を振るう。そういった矛盾は、以前であれば「考えられないこと」であったが、今はそうは言い切れない。では、どちらが本当の姿か、と言われれば、「どちらも」と言うしかないのだ。

このように、いくつかのまったく相反する性質や考え方を、あたかも複線のように並列させて、どこかでさっとスイッチングできるのも、今の若者によく見られる現象だ。相手も「さっきまではやさしかったのに、どうして急に豹変するんだ」と思うこともなく、「あいつがキレた」「あっち側に行っちゃった」などと平然と受け止める。そして、たとえば友だちの女性が、突然大泣きし始め、また突然ニコニコし始めても、何事もなかったように接してあげることができるのだ。精神医学でいう「人格の統合が欠けた状態」、すなわち解離と呼ばれる病的状態にも似ているが、まわりの耐性が高まっているために、それほど大きな問題にもならない。

複雑化する現代社会を生き抜いていくためには、ある程度、この解離のメカニズムを使い、

「さっきはさっき、今は今」「あれはあれ、これはこれ」と自分の内面さえ分割させる必要がある。ある意味でこれは、病的な変化ではなく、むしろ適応とも考えられる。

しかし、大人たちにとっては、若者がすぐに解離の状態を呈し、あまりに連続性を欠いたふるまいをされると対処に困ってしまう。とくに、突然の暴力だけはどうしてもやめてもらわなければならない。

では、先ほどまで静かでやさしかった若者が、突然振るう暴力は、どうすれば阻止することができるのだろうか。もちろん、本質的には解離の状態にならないよう、やさしい人であるなら、いつもやさしいまま過ごせるように指導することだ。しかし、先ほども言ったように、もしこの人格の複線化が適応であるなら、それは指導や説得だけで元に戻るものではないことは明らかだ。これは、現代社会の人間に起きている、とても重要かつ深刻な問題なのだ。

そうであるならここはまず、「暴力を振るうのは損だ」ということを若者に経験的に覚えてもらうしかないかもしれない。しかし、単に厳罰化をすすめても、突然、自分でもほとんど気づかないうちに人格が変わり、暴力を振るってしまう若者には、あまり効果はないだろう。もう少し深いレベルで、「暴力は損だ」ということを彼らに知らせる。「暴力は何ももたらさない」と示す実例が、世界的な規模でも身近な生活の中にもたくさんあるはずだ。暴力を振るった人が、結局、経済的にも多大な損をしたという例なども、強い説得力を持つだろう。倫理的な問題を損得に置き換えてはいけないという人もいるだろうが、そんなに悠長にかまえている余裕はない。

「暴力は悪いこと」という倫理・道徳教育の前に、まず「暴力は損」と教える。それから、人格を複線化し、あちこちにスイッチングしなければ生き抜いていけないような社会の仕組みじたいを、どうすればよいのか大人がゆっくり考える。この二段がまえが必要だと思う。

4

「関係ないことまでかまっちゃいられない」の法則

電車

仲間以外はみな風景。そう言ったのは社会学者の宮台真司さんである。どんなにたくさんの人の中や公共の場にいても、若い人たちの目には、自分のすぐ横にいる仲間や友だち以外は電柱やガードレールなどの風景にしか映っていない、という意味だ。きわめて信頼性の高い「若者の法則」だと思う。

もちろん、電車の中でもこの法則は通じる。たとえ満員電車に乗っていても、若者にとっては家具や植木鉢と同じ車両にいるという感覚しかない。だから、平気で化粧もすれば弁当も食べる。部屋の中で、「机が見ているから恥ずかしくて化粧ができない」と言う人はいないだろう。それと同じことだと考えれば、「どうして電車であんな傍若無人なふるまいをするのか」という謎も解けるのではないか、と思う。

ただ問題は、この「若者の法則」は若者が勝手に決めてしまったもので、社会全体のものではない、ということだ。全員がこれを共有し、「電車や公園でもまわりの人間はいないものとして行動してよい」ということになれば、それぞれが勝手なことをやればよいだけなのだから摩擦も起きない。直接、自分に迷惑や被害が及ばない限りは、「見えないようにする」ことですべてをすませるわけだ。しかし、まだ多くの大人たちにとっては、若者が電車で化粧をしたり恋人とベタベタしたりするのは「みっともない」「不愉快だ」と感じられる。そのギャップが問題なのだ。

では今後は、たとえば電車の中などでは、どちらを標準ルールとすればよいのか。「それぞれが他人の目を意識せずに好きなことをする」という若者ルールの方か、それとも「他人の目がある公共の場では、やってはいけないことがある」という大人ルールの方か。

私自身は若者ルールにシフトしていくのも仕方ないではないかと思う一方で、「それは意外にむずかしいことかもしれないな」と感じている。なぜなら、「他人の目を意識しない」ことは簡単だが、「自分も他人を意識しない」ことはかなり高度なテクニックを要するからだ。

最近、「電車や駅でいちばん暴力的なのは五十代男性」という調査結果が新聞に載っていた。酔っ払ったり仕事で疲れたり、と理性や意志の力が弱まっているときに、電車で他人にぶつかったり駅員に何かで注意されたりすると、つい大声をあげたりなぐりかかったりしてしまう。そんな大人がけっこう多いらしい。つまり、他人に対して寛大になったり、すべては〝風景〟だとその言動をいっさい無視したりするのは、実は意外にむずかしいのだ。自然に周囲を無視できているように見える若者も、実はエネルギーを使っているのかもしれない。

今の若者たちが四十代、五十代になり、仕事や家庭でのストレスがたまってくる年代になっても、電車で「自分は自分、他人は他人だよ」と思い続けられるだろうか。みんなが好き勝手に食べたり歌ったり踊ったり着替えたりしている車内で、すべてを〝見ないふり〟してすませることなどできるだろうか。「自分はやりたいことやるけれど、他人がそうするのは耐えられない！」と〝キレる大人〟が続出、などということにはならないだろうか……。そう考えると、他人をまったく意識しないという若者ルールの実行には、大人ルール以上の理性や意志の力、ある種のトレーニングが必要、ということがわかるだろう。

それでも若者たちは、「好きなことしていいじゃないか」と言うだろうか。「だいじょうぶ。問題なんて起こさないから、電車の中でもみんなが他人を気にしないでそれぞれ好きなことやろうよ」と言いきれる若者は、そもそもそれほど逸脱したことをしないような気もする。たとえば、よく問題になる電車内での携帯電話の使用にしても、多くの若者はメールだけかごく小声で会話している。大声でしゃべっているのは、たいてい大人だ。電車の中でひとりひとりが個室にいるかのようにやりたいことをやり、それでも車両全体では静けさや安全が保たれている。ちょっとSFじみているが、十年後には日本中の電車でそんな光景が見られるようになるのかもしれない。

飲み会

高級レストランや割烹が不況の嵐の中であえぐのをよそに、学生や若いサラリーマン相手の居酒屋はいつも満員。昔に比べれば店内も明るくきれいでメニューも充実、ひとり二千円もあれば十分満足する価格設定で、たまに訪れると感動すら覚えるほど。

そういう話を聞くと、「若者は本当に飲み会が好きなんだなぁ」と感じる人もいるだろう。「ほかにすることがないのだろうか、それとも仲間といなければ寂しいのか。飲み会ばかりなんて、まったく今の若者は非生産的だ」と眉をひそめる人もいるかもしれない。

しかし、彼らの飲み会の様子をちょっとのぞいてみてほしい。するとその中身は、かつてのコンパや宴会とはずいぶん変わってきているのがわかる。まず、彼らは決してお酒を強要しない。また、アルコールを飲むときでも、選択は各人の自由。「私、ウーロン茶」「僕はチューハイレモン」「こっちは熱燗で」「カリブのさざなみ、ってカクテルひとつ」と、まったくバラバラにそれぞれが好みの飲み物を頼む。店員も、面倒がらずにひとりひとりから注文を取っていく。いつだったか、酒好きの学生たちとの飲み会に出席したとき、「とりあえず全員ビールでいいかな?」と言うと、「どうしてみんなビールなんですか」「私はワインにします」といっせいに反発を食らった。注文や出てくるまでに時間がかかろうとも各人が好きなものを飲みたい、ということなのだろう。もちろん、一気飲みとかお酌のし合いなどということもない。そのかわり、飲みたい人は自分でどんどん追加注文する。まさに「自己責任時代」という感じだ。

また、飲み会の雰囲気も以前とはかなり違う。みんなで「かんぱーい」と言ったら、あとは自由。ひとりで黙々と食べる人もいれば、三人くらいで秘密の雑談に興じる人も。もちろん、携帯でその場にいないだれかと熱心にメールを交換している人もいる。その場での最低限のルールは、「えー、何の話?」「だれとメールしてるの? 見せてよ」と過度に他人に干渉しないことである。あるグループに加わりたければ、自分も「そういえばこのあいだささ」などと積極的に話題を提供して、入っていくことだ。待っていてはいけない。

そして、帰りたくなったら「じゃ、私はこれで」と抜けるのも自由。自分の分の飲み代さえ置いていけば、「もう少しいいじゃないか」と引きとめられることもない。これも当然、帰りたくもないのに引きとめてもらうことを期待して「そろそろ帰ろうかなー」などと言ってみるのはナシ、という前提のもとにあることだ。

つまり、若者の飲み会は、「みんなで同じ酒をくみ交わして連帯を強めるため」に行なわれるわけでも、「微妙な人間関係を新しく発生させたり修復し合ったりするため」に行なわれるわけでもないようだ。おそらくそれは、安心して集える人たちと同じ場で、あくまで自分が好きなものを好きなだけ飲み食いしたいために行なわれているのだ。もしかしたらさらに割り切って、「ひとりやふたりで食事すると割高だから、飲み会に参加してるだけ」と思っている若者もいるかもしれない。現に、「お金がないから」と欠席する若者もいる。友人などからお金を借りてまでも顔を出さなければ、といった義務感はそこにはない。十人で飲み会をしようと、そこにいるのは「ひとつのグループ」ではなく「ひとりの個人が十人」。

だから、若者に「飲み会に行きませんか?」と言われても、「若者も寂しいのか」「私も彼らの仲間と認められたのか」と、その裏にある意味を深読みしない方がいいだろう。「そうだな、居酒屋にでも行かなければほっけの開きなんか食べられないし、行ってみるか」と、飲み物・食べ物に目的を絞って出かけるくらいがちょうどいい、と言える。そして、そうやってあまり期待しないで参加すると、案外リラックスしてその場の雰囲気に溶け込めて、彼らの意外な一面に触れられたり、だれかと熱く語ることができたりするかもしれない。しかし、そういうことがあったときは「ラッキーだった」と思うべき。最初から「よーし、今日は彼らとの親睦を深めるぞ」と意気込んで参加すると、「だれもオレの相手をしてくれなかった。オレに期待されてたのは金だけだったのか」と悲しい気持ちで帰路に着くことになりかねないからだ。

デート

会社で「えー、残業ですか？　今日はデートなんですよぉ」と若者にあっさり残業を断られ、返すことばもなかった、という経験を持っている人もけっこう多いのではないか。たしかに、自分の都合で仕事を断るという部下は、わずか十年前にはまだほとんどいなかったはずだ。ましてや「健康上の理由」や「家庭での用事」ではなく、「デート」などというかつては〝ひめごと〟とまで言われた恋愛がらみの私用を仕事より優先するなんて……。あまりの急激な変化に、「まったく理解できない」という人がいても、ムリはない。

しかし、若者たちにとっては、結婚していれば「家族サービス」という名のもとに外食や旅行が正当な行ないとなり、結婚していなければ「デートなんてけしからん」と言われることの方が、よほど理解不能なのだ。それくらい、「結婚」という制度に対する意味づけが変わってきている、とも言える。

たとえば、私が教えている大学でも、多くの学生が左手の薬指にリングをしている。しかも、女子学生だけではなく、男子学生もざっと三分の一はリングをしているのではないだろうか。十年前からタイムマシンでやって来た人が見たら、こう思うに違いない。「へー、この大学の学生は早婚なんですね」。もちろん、そうではない。みな、彼や彼女などいわゆる恋人ができたらすぐに、ペア・リングを買って交換するのだ。左薬指のリングは、もはや「婚約」という意味さえ持たなくなったわけだ。その証拠に、先週はしていたはずの指輪が今週にははずされている、という学生も少なくない。彼らは離婚したわけでも婚約破棄したわけでもなく、「つき合っていた恋人と別れた」だけであることは明らか。

これはどういうことなのだろう? 単に、結婚や婚約が形骸化してその意味や重さを失いつつある、ということなのだろうか。それは確かだが、それだけではなく一方で恋愛の重要性が高まり、今や婚約や結婚と同等の意味を持つようになった、とも考えられないだろうか。つまり、若者にとっては「あ、今日は彼女と約束があるんですよ」と言うのは、「妻と子どもたちが私の誕生日の準備をして待っているんです」と言うのとほとんど同じくらい、自分の中では大きなことなのだ。だから上司が、「まだ結婚しているわけでもないのに、たかが一時的につき合っている彼女とのデートのために仕事を断るなんて、とんでもない！」と怒っても、まったくその意味が理解できない。「部長だって法事があるから、って早退したでしょ？　それはよくてどうしてデートはいけないの？」と思っているわけだ。

これからは、世の中が「結婚している夫婦」と「恋愛中の男女」を同じように見なさなければならなくなるだろう。日本も、同居カップルの半数は婚姻関係にない男女、という、フランスやスウェーデンと同じ社会スタイルに近づきつつあるのだ。だから、若者に「デートなんですよ」「彼が待ってるから―」と言われたら、一度、「家族サービスなんです」「夫と約束がありますから」と、かつての制度での言い方に置き換えてみることが必要となる。

もちろん、それでも「たとえ家族が待っていたとしても、今日だけは仕事をやってもらわなければならない」と判断したときには、大人はそれをズバリ言っていい。「若者は個人の生活優先だから」と、どんな場合でも「あ、ああ、残業なんて頼んで悪かったな」とすぐ撤回し、結局、上司がひとりで仕事を片づけなければならず、過労やストレスに倒れる……というのでは、割に合わない。もちろん、「今週中にこの仕事を片づけなければ、このくらいの損害が出る」ときちんと説明するのは必要だが。

それに、たまには、「今日はオレの結婚記念日なんだ。レストランの予約が六時だからお先に失礼」と上の人間が〝私用優先〟を宣言することがあっても、よいのではないだろうか。そして、早めに帰った翌日はいつもより少しだけはりきって仕事をする。自分勝手と「大切な時間や人をしっかり守る」とは違うことを、大人が実践して若者に見せてあげればいいわけだ。

勉強

勉強ほど、やる人とやらない人の差が大きいものも、なかなかないのではないか。とくに中高生くらいだと、学校から帰って塾や自宅で一日六時間も七時間も勉強している人もいるかと思えば、放課後はいっさいノートを開かないという人もいるはずだ。

そして、勉強ほどその後の人生で役に立たない、と言われるものもない。あれほど一生懸命に学校で勉強した数学や化学は、大人になるとほとんど忘れてしまう。では、そういった知識はいったいいつ消えてしまうのか。それは、自分なりの目標を達成したとき、と言ってもよいのではないだろうか。

たとえば「よい大学に入ることが目標」と思いながら勉強を続けてきた若者は、大学に合格した瞬間、気がゆるんで、それまで学んできた因数分解の方法や英語の構文を一気に忘れてしまうだろう。「高校を出て早く就職しなきゃ」と思っている人は、就職が決まった段階ですべてを忘れるのではないか。「ああ、よかった」とほっとひと息ついた瞬間に頭からぱーっと飛び散っていくもの、それが勉強なのではないか、という気がする。

では、そういう結果がわかっていながら、なぜ私たちは勉強しなければならないのだろうか。

ひとことで言えば、それは「頭のチャンネルを開くため」なのではないか。人間の脳や心には、たくさんのチャンネルがある。しかしそれは、自然に開通して使えるようになるわけではない。家にあるテレビにいくらチャンネルが五十も六十もあっても、アンテナをつないだりリモコンの設定を行なったりしない限り、どこにあわせてもノイズしか聞こえてこないのと同じだ。

そして、そのチャンネルを開くのにいちばん手っ取り早い方法が、勉強なのではないか。もちろん、ほかの手段(冒険やサッカー留学など)でもチャンネルは開かれる。とはいえ、それにはあまりに多くの時間とお金が必要で危険もともなう。それよりは、学校の安全な教室に座って教科書を開いて先生の話を聞くうちに、自分にそなわっているチャンネルが自然に開かれていろいろな可能性が芽生えてくるなら、その方がずっと得で簡単だと思う。つまり、ほかの手段より手軽に可能性を育てられるから、勉強でもしておくか。勉強とは、それくらいのものなのだと考えた方がよいのではないだろうか。

そう思っておくと、「勉強をしない子どもはダメだ」と決めつけることも、大人になって「あんなに学んだ知識が全部ムダになった。やっぱり勉強は不要だ」と決めつけることもなくなるはずだ。そして、大人がそうやって勉強に対して肩の力を抜いて接することができるようになれば、意外に子どもや若者ももっと気軽に勉強できるようになるのではないか。そうも思っている。

人間の可能性や自由な発想を奪い、思考を硬直化させる最大の原因に、「強迫的な観念」がある。つまり、「○○をしなければ」「○○ができなかったらどうしよう」とひとつの考えに縛られるだけで、心や社会の柔軟さが極端に失われてしまう。学歴偏重の傾向はずいぶん弱まったとはいえ、日本の大人は圧倒的に勉強に対して「やらなければ、子どもにもやらせなければ」と強迫的な観念を抱き続けている。それがかえって、勉強恐怖症の子どもを生んだり、勉強の義務から解放された大人の頭から知識を消し去ったりすることになっているのだ。

「してもしなくてもいいけど、まあ、しておいた方が得なもの」。勉強に対してそれくらい大人たちが太っ腹にかまえることができるようになれば、勉強や学習を取りまくさまざまな問題にも解決の糸口が見えてくるはずなのに。大人たちの「英語を話せなきゃ」という〝英語強迫症〟についても、まったく同じことが言える。

読書

不況なので本が売れない、という話はよく耳にするが、はたして本が売れないのは本当に景気がよくないからだけなのだろうか？　これで景気が回復すれば、またみんなこぞって書店に出かけて文学全集や哲学書を買うようになるのだろうか……？　そんなことを思っている人は、おそらくだれもいないだろう。そう、世の中の経済状況とは関係なく、若者は本を読まなくなったのだ。

そのことを、「日本人の知的水準が低下してきたのだ」という理由で説明しようとする人がいる。しかし、動物が進化することはあっても、自然に劣化するなどということがあるのだろうか。たとえば、「このところイヌの知能が低下し、人間の命令を理解できなくなった」といった話は聞いたことがない。

では、なぜ若者は本を読まなくなったのか。ある人は、「テレビやゲーム、携帯電話などの映像メディアや新しいコミュニケーションツールが悪いのだ」と言う。たしかに、それらのメディアやツールでは、情報は文字ではなく、主に映像や音声でやり取りされる。携帯のメール機能ではかろうじて文字を使うが、それにしたところで今の時点では最大手のｉモードで最大二五〇字。文庫本の一ページにも満たない文字量だ。

本や雑誌などの活字メディアに親しんできた人たちは、これを聞くと思うはずだ。「二五〇字でいったい何が伝わるというのか」。しかし、ちょっと考えてみよう。逆に私たちの人生にかかわることで、二五〇字以上で表現するに値することがどれくらいあるだろう？

ある学生は携帯メールで伝えてきた。「卒業研究、どうしても規定枚数に足りません。なんとか四十五枚でもOKになるように先生からも頼んでください!!(T_T)」。卒業という、人生にとってけっこう大切な問題がかかっている内容だが、字数にしてわずか五十字強。しかも、私の心を最も強く動かしたのは、メールの最後に添えられていた泣き顔の顔文字だった。

また、カウンセリングを担当していたある対人恐怖症の若者は、「不安がどんどん強まります。どうしていいかわかりません。このままでは来週行けるかどうか心配です」とメールしてきたことがある。並々ならぬ不安感を表現するのに、やはり約五十字。これでも十分、彼の深刻な状態は私に伝わる。

おそらくこれからは、「結婚しよう」「大学入試の結果は合格です」「親が死んだ」「今月いっぱいで退職してください」「あなたはガンです」「戦争に突入しました」といったやり取りも、携帯の小さな液晶画面の中の二五〇字以内で交わされることだろう。大げさに言えば、その人の人生や世界のすべては「二五〇字×(できごとの数)」で表現されつくされるのだ。しかも、多くの若者は「文字を見るのはそれで十分」とばかりに、それ以外の活字から急速に離れていると言われる。

では、本の役割は本当に終わってしまったのだろうか。それはまだわからない。今のところは、世の中には二五〇字では書きつくせないような感動の物語やミステリーがあると言われていて、それなりの読者が本を読む楽しみを味わっている。しかし、これから十年後に、大人になった今の若者たちが全二〇〇ページの本を読み通すという習慣を、まだ保っているだろうか。もしかしたら読書は能や茶道と同じ伝統芸となり、一部のマニアだけがその形態を細々と守る、というようなものになるのではないか。もちろん、私もこれまで何冊かの本を出してきた人間として、これは喜ばしい事態ではない。もう一度、「やっぱり本でなければばこれは表現できないよ」とだれもが認めざるをえないような、魅力的な物語を創り出す超人的な作家が登場することを祈るばかりだ。

いや、そんなことはない、そこまで言わなくても文字の集積が伝える感動は今もたしかにあるはずだ、と言う人は、まずすべてを二五〇字以内で書く練習にチャレンジしてほしいと思う。それでもどうしても「二五〇字くらいでは、とても私の言いたいことを表現しきれない！」ということがたくさんあれば、本や読書がこれからも生き延びる可能性は高いはずだ。しかし、もしそうやってみて、「なんだ、二五〇字でことたりるじゃないか」と思ってしまったら……、読書の未来は明るくないが、その人自身は若者とはうまくやっていける才能を持っている人と言える。どちらにしても、悪くない話ではないか。

あいさつ

若者から来る携帯メールや電子メールに抜けていて、大人のそれにはあるものは何でしょう？

このなぞなぞの答えは、「あいさつ」だ。「いよいよ春めいて来ましたが……」「ごぶさたしていますが、その後お元気でご活躍のことと……」といった時候のあいさつはもちろん、「こんにちは」といった簡単なあいさつさえ若者のメールには書かれていない。「新年あけましておめでとう。今年もよろしく」と、ほとんどあいさつをするのだけが目的の新年のメールでも、若者は「アケオメ、コトヨロ」と省略形で書いてくる、といった記事が正月の新聞などにはよく載る。たしかに彼らは、日常の場面でも「ちゃ(こんにちは、の略)」「ちす(こんにちはっす、の略)」など省略形のあいさつをよく使う。もちろん、立ち止まったり頭を下げたりといった動作も省略、せいぜい軽く手をあげるくらいだ。

あいさつは省略。この傾向はことばだけではなく、ほかのことについても言える。たとえば今、大学生は講義中はもちろん、教室の前に出て発表するときでも、まず帽子やコートを取らない。寒い時期だと、手袋やマフラーをしたまま「よろしくお願いします」のあいさつもなく、「えーと、僕の研究なんですけどぉ」と話し出す学生さえいる。他人の家を訪問するときは、玄関の戸を開ける前にコートを脱いで、と教えられてきた世代にはショッキングな光景だろう。

もちろん、だからと言って彼らの発表そのものが劣っているわけではない。あいさつ抜きでコートも着たままボソボソ話し始めた内容が、よく考えられまとめられていて感心することも少なくない。ただ、教師によっては、そういう学生に「態度が悪い」と辛い点をつけることもいまだにあるだろう。会社などではその傾向はもっと顕著なはずだ。あいさつやちょっとした手間を省いたために、せっかく実力があるのに認められず損をしてしまうのは、なんとも気の毒、もったいない話である。

社会に出た卒業生と話していると、「あいさつを省くと損だなんて知らなかった」と言われることがある。「会社で一生懸命、企画書を書いてもなかなか採用されず、明らかに自分より劣っている人のが採用されたりする。よく聞くと、それはその人の方がきちんとあいさつして印象がいいから、と言うじゃないですか。どうしてそんなことで大人は決めてしまうのか、納得いかないですよ」。たしかに、実力とは関係のないあいさつや礼儀だけで評価を決めるのは、彼らにとっては許しがたいことだろう。

しかし問題は、「大人にはそういう人もいる」ということをだれも教えていないことだ。そうやって腹を立てる若者に、「まあ、だまされたと思って、ちょっとあなたも朝はおはようございますと言い、プレゼンのときはスーツくらい着てみたら?」とアドバイスすると、「なんだ、そんなことくらい簡単ですよ」と実行し、「企画書、通りましたよ」とうれしい報告をしてきてくれたこともあった。彼らは、大人の社会に対して反抗的な気持ちを持っているからあいさつしないのではなくて、「した方がいい」ということを知らないから、自然に「ムダなことはやめよう」と省いているだけかもしれないのだ。

ここで、「どうしてあいさつした方がいいんですか? 理由がわからないことはしたくないな」と食いついてくる若者がいた場合は、どうやって説明すればよいのか。これはむずかしい。ただ、そういう気骨のある若者は、あいさつ抜きで実力だけで認めてもらえるような場所を探し、力強く生きていくことだろう。

大人にとっては身についた習慣になっているあいさつや礼儀も、「とにかくムダはやめよう、合理的に行こう」と思いながら育ってきた若者にとってはナゾめいて見えているわけだ。今でもあいさつは必要だ、と大人が確信しているなら、「やった方がこんなにいいことあるんだよ」と、きちんと若者に説明してあげる義務があるはずだ。

年齢

高校や短大で十代の若者たちを前に講演をするときに、必ずしてみる質問がある。「あなたは、自分は若いと思っていますか?」。何を言っているんだ、と思う人もいるだろう。若さ真っ盛りの十代にそんなあたりまえの質問をしたって意味ないじゃないか、と。

ところが、驚くべきことにどの会場でも「若い」という方に手をあげる若者は、わずか一割か二割。八割以上は、「自分は若くない、と思う人は?」という方に手をあげる。むしろ元気よく「若い」に手をあげ生徒たちに笑われるのは、会場にいる教師たちだ。

さらに個別に話してみると、彼らの中に共通してちょっと変わった年齢感覚があることに気づく。「もう若くない」と言う若者(この言い方じたい奇妙だが)に、「じゃ、あなたはいつが若かったの?」と聞くと、「小学校まで」「中学一年くらいまでかな」と恐ろしく低い年齢をあげる。「どうしてそこまでは若かった、と思えるの?」と続けて質問すると、「楽しかったから」「希望や夢があったから」という答えが返ってくる。さらに「じゃ、もう若くないってことは、あなたは大人だということ?」と聞くと、これにはほぼ一〇〇パーセント「違う。大人じゃない」という返答。「大人にもなってないし、なんかなりたくない」と言う人も多い。

つまり彼らは、「若くはないが大人でもない」という宙ぶらりんの時期にいる、と自覚しているわけだ。しかも、楽しかった時代、希望にあふれていた時代はもう終わってしまったと感じている。あとは、苦しくつまらない〝若くない日々〟を淡々とすごすだけ。いつまでも大人になりたくない、と言うのなら、もしかしたらその時期は今後、六十年も七十年も続くのかもしれない。まさに無間地獄だ。

実際、まわりを見ても、その延長で三十代、四十代を迎えたような人が目につき始めている。たとえば、二〇〇一年に東京都は、職員の「降格希望」を認める制度を作った。これは昇進の反対、「給料が下がってもいいから仕事を減らしてほしい」という人の希望を受けつける、というものだ。年配の人からすると、「せっかく昇進したのに、どうしてそんなもったいないことをするのか」と理解しがたいと思うが、四十代以下にはなかなか好評だという。もちろん中には、家族との時間や趣味を充実させたいという人もいるだろう。しかし、私のまわりには「とくにやりたいこともないけれど、責任あるポジションにつくのはイヤだから」と言っている人もいた。これも公務員として就職し、仕事はまじめにこなしてそれなりに昇進した「若くはないが大人でもない」人たちが増えた、というひとつの例なのだと思う。

彼らの奇妙な年齢感覚に、大人たちはどう対処すればよいのだろう。「まだ若いじゃないか」と励ましても、あまり説得力はない。それよりも考えるべきは、彼らが「自分は若くない」と言う気持ちの根底に、「楽しいことはもう終わったし、大人になっても楽しいことはもうない」という強い思いがあることだ。

おそらく彼らの目には、社会や家庭にいる大人たちがさぞ楽しくなさそうに映っているのだろう。疲れきっていていつもため息ばかり、自分のために使える時間もお金もほとんどない。そんな大人たちの姿を見ていれば、たしかに若者が「大人になって責任ばかり増えたって損なだけ」と、思ってしまっても不思議はない。

「若いんだからもっとがんばって」と若者たちの肩を叩く前に、「大人になるのもけっこう悪いことじゃない。若い時代を楽しんで、それから大人になってまた別の楽しみを味わうことだってできる」と若者に見せつけてやるのも、悪くないのではないだろうか。

他人

他人は、自分とは違う心を持つ人間だ。

これほどあたりまえのことはない、と思っている人もいるだろうが、それは間違い。よく考えてみると、自分と自分以外の人間がまったく同列の存在なのだ、ということを保証する根拠はどこにもない。独我論と呼ばれる哲学の考え方の中には、「自分が終わると同時に世界もなくなる」とする主張もある。またSFやマンガには、自分以外の人間が実はすべてロボットだったとか、すべては自分の見ていた夢だったという設定が、昔から今にいたるまでよく見られる。これらを否定する決定的な理論は、いまだにないということだ。

しかし、多くの大人たちはなぜか「他人は自分とは違うけれど、同じ人間なのだ」ということを、自然に信じてしまっている。「他人の気持ちを思いやれ」とか「まず相手を立てなさい」といった教訓は、一見、他人を尊重していない人に向かって発せられるように思える。

しかし、「他人は自分とは違う人」という前提が社会にあってこそ、この教訓もこれまで受け入れられてきたわけだ。

まわりを見てみると、今はついにこの前提そのものが崩れてきたような気がする。一時、少年犯罪が起きるたびに、「他人を人形としか思えない現代の子どもたち」といったフレーズが新聞などに載った。それはやや大げさだと思うが、少なくとも「他人は自分とは異なる考え方、意見、価値観を持っているのだ」ということがピンと来ない子どもや若者は、増えているのではないだろうか。自分勝手なふるまいをする若者を自己中心的から取って〝自己チュー〟と呼んだ時代があったが、彼らは自己チューというより、他人と自分が別の考えを持っていることに気づけないのではないか。

たとえば、いわゆる一流大学と呼ばれる大学で講義をしたときに、ある学生がすっと席を立ち、教壇に近づいてきて、話をしている私に「あの、プリントください」と言ったことがあった。ほかの学生が熱心に私の話をノートに取ったりしているときに、それを中断してもまったく平気、という彼の態度にはいささか驚いてしまったが、これを単に自己中心的と取るか、それとも「今、他の学生は自分のようにプリントをもらいたいと思っているわけではないのだ」ということがそもそも想像できない、と見るか。講義の前にそこの大学の専任教授が「最近の学生は、相手がその固有名詞を知らないという可能性も考えずに、平気で突然アニメや小説の話を始めるので、ゼミの議論が成り立たない」と嘆くのを聞いていた私には、これも「他人と自分の違いがわからない」方ではないかと思えた。

では、そういう彼らにどうやって、「他人とあなたは違う人間」と教えればよいのか。独我論の哲学者なら教えなくてよいと言うのかもしれないが、社会生活を保つためにはなんとかそれを知ってもらわなくてはならない。ある人は「痛い思いをさせて、ほら、他人だって同じなんだよ、と教えればよい」というが、他人の痛みを感じるための高度な想像力がない若者はどうすればよいのか。

そう思っていた頃、大流行した『動物占い』の本を読んでいて、目からウロコが落ちる思いを味わった。人間を生年月日で十二種の動物に分類するこの占いの本には、何度も「あなたとだれかの話が合わなかったり恋愛がうまくいかなくなったりするのは、動物が違うからなのです」といったフレーズが出てくる。それまで「どうして私がシロだと思っているのに、そう思わない人がいるのだろう？」と、他人の気持ちが自分と違うことを理解できずに首をかしげていた若者も、「それは動物占いの動物が違うから」と言われれば、「そうか!」と納得するのかもしれない。その意味で、これはとても現実的で若者には不可欠な対人関係、社会生活のマニュアル本なのだと確信した。

おそらく、血液型占いや昔からある星座占いなども同じ役割を果たしているのだろう。「あなたと他人は違う人間、それは星座や血液型が違うから」。子どもや若者にはまず、そこから教えなければならない、と言えば眉をひそめる大人もいるだろうが、今のところは、占いにかわる対人関係入門書はないかもしれない。ただ、もちろん「あなたと私は違う人」と納得した上で、さらに他者を理解したり共感を寄せたりすることを教えるのは、占いではないことは確かだ。

子ども

ある調査機関が行なったアンケートによると、新成人の七割が「自分は子ども」と答えたとか。そのアンケートでは「経済的に自立していないから」というのがいちばんの理由だったらしいが、私の知人の中には、高額納税者のリストに名前をつらねるほどの成功をおさめながら「私は子ども」と公言している人もいるし、三人のわが子を育てながら「私もまだ子どもなのよね」と言っている人もいる。よく言われるように、「年齢的には大人になっているのに内面が未熟な人間が増えているのだ」とばかり決めつけることはできないと思う。どうやら今の時代の「子ども」は、年齢にも外見にも収入にも現在の立場にも関係ない、本人の思い込みひとつで決まる主観的なものらしいのだ。

では、「私は子ども」と宣言している人たちが考えている「子ども」とは、どういうものなのだろう。もちろん、主観の問題なのでその人なりに定義も微妙に違うはずだが、よく見ると共通点もありそうだ。

「子ども」宣言している人を観察すると、まず気づくのはとにかくこだわりがないこと。「私は親だから」「社長だから」と、自分の立場を振り返ってなにかを我慢するという場面を見たことがない。面白いテレビゲームが発売されると「おっ、チェックしなきゃ」と店にかけ込むし、妖怪フィギュアつきお菓子がブームになればコンビニに行ってわが子を押しのけても買いあさる。自分を手かせ足かせで縛ることなく、興味や関心のおもむくままに行動する。これが今どきの「子ども」の基本のようだ。

もちろん、ファッションやメイクにしてもそう。四十代なのに十代の若者が読む雑誌を読んで、どんどん若者向けの店に行って買い物をする。「店員や客から何このヒト、みたいな目で見られることもあるけれど、娘の服を選びに来ました、なんて顔して買っちゃえば平気よ」と話してくれた人もいた。

こう話してくると、仕事さえきちんとして経済的に自立していれば、いつまでも自由で元気な「子ども」でいるのもおおいにけっこう、という気もしてくる。しかし、問題がふたつだけある。

ひとつは、当の「子ども」宣言している人たちの問題。こだわりのない彼ら彼女らだが、時間の流れだけは止めることができない。いつまでも若い気持ちでいたくても、やがては老いの時期を迎えることになる。からだの故障や体力の衰えにも向き合わなければならない。そういうとき、「大人」の時期を経ていない彼らはひどくあせりを感じてしまうのだ。「え、私まだ子どもなのに、次はいきなりおばあさんになっちゃうの？と気づいたときのあのショック」とは、年齢的には熟年のある女性の話。やはり人間、子どもから青年、そして壮年、中年、と少しずつ階段を上がってこそ、心安らかに老いの時期を迎えられるものなのかもしれない。

あともうひとつ。ここまで書いてきたのは、本当は大人なのに自分で勝手に「子ども」だと思い込んでいる二十代から五十代の人たちのことだ。そうやって大人たちがいつまでも「子どもだよ」と名のっていると、本当の子どもたちは「じゃ、私たちは何なの？」と混乱してしまうことになる。真の子どもより子どもっぽく楽しげにふるまう大人の下で、「子どもにもなれない子ども」がくすぶり続けることになるのだ。「なんだかつまらない」「この先、いいことない」と希望を失っている十代の中には、自称・子どもたちに圧倒されている例もあると思われる。

子どもが子どもならではの自由や楽しみを謳歌できるようにするためにも、若者や大人たちは「私は子どもだもん」と言い続けるのを少しだけ我慢する必要があるかもしれない。おそらく彼らは、心の底から子どもでいたいというより、未知の領域である大人の世界に足を踏み入れるのが怖いのだろう。大人になると、急に楽しみや喜びが減り、責任や義務ばかりが増えるような気がするのかもしれない。しかし、そう思うなら、大人の世界を自分たちで楽しいものに変えていけばいいのではないか。「大人だけれど若々しい人」としての新たな楽しみを大人が見つけていくことこそが、子どもや十代の若者が元気を取り戻すために、まず必要なのではないだろうか。

やさしさ

「どんな男の人が好き?」と若い女性に聞くと、「やさしい人」という答えが返ってくることが多い。「じゃ、どんな人がやさしいと思う?」と細かく聞いていくと、その「やさしさ」とはどうも「自分に対して気をつかってくれる、甘やかしてくれる」という意味であることがわかってくる。

最近、レストランでこんな出来事を体験した。男女の若者数人連れのテーブルに料理を運んできた若いウェイターが、手をすべらせて床に皿を落としてしまった。それほどの被害はなかったのだが、グループの中の女性の洋服にちょっと料理がついたようだった。すると、ひとりの若者が烈火のごとく怒り始め、謝っているウェイターを「気をつけろ!」などとひどくののしった。しかし、その一瞬あとには、洋服をふいている女性に「だいじょうぶ?だいじょうぶ?」と必要以上にやさしく声をかけている。グループの仲間たちも、まわりの客が振り向くような大声でウェイターを怒鳴る若者を止めるでもなく、女性に声をかけながら洋服をふく手伝いをしている。

その光景を見ながら、私は悩んでしまった。この若者たちはいったい「やさしい」のだろうか、それとも「やさしくない」のだろうか……。グループの仲間に対しては過剰などやさしいのだが、それ以外の人に対してはむしろまったくやさしくない、とも言えるが、「やさしさ」をそのように仲間うちと外に対して使い分けることなどできるのだろうか。

しかしどうやらこれは、今の若者に共通する傾向でもあるようだ。いったん知り合いになると、彼らは驚くほどのやさしさを示してくれる。たとえば、学生たちの前で「頭が痛い」と言えば、「どれくらい痛いのですか」とも聞かずに「かわいそうに」「ムリしない方がいいですよ」と口々に言い始める。なんて素直でやさしい若者たちなのか、と感じるのだが、その彼らに反社会的な問題を起こす少年などの問題についてレポートを書いてもらうと「そんな少年には厳罰を与えるべき」といった厳しい意見がほとんどを占める。かつてよく見られた「彼らにもそれだけのことをした理由があったのではないか」と共感を示そうとする意見は、ほとんどない。そういう様子を見ても、「彼らはやさしいのか、それとも冷たいのか」

と戸惑ってしまう。

おそらく若者たちは、ごく身近な人間に対してはほとんど自分とイコールと考え、「自分がやさしくしてもらいたいのと同じくらい、相手にもやさしくしなければ」と思うのだろう。そして、その「やさしさ」とは身近な人間以外への理解、共感あるいは同情には、あまり結びつかない性質のものなのだと思う。というより、ごく身近にいる人間以外の人の気持ちや事情など、彼らにとっては想像外のものなので、やさしくしようにもどうしていいのかわからないのかもしれない。自分とその自分の延長のような身近な人とで対人関係が完結していて、自分とは違う第三者はいないと同じ。これは、今の若者に広く見られる行動や考えのパターンだ。

だから、もしあまりよく知らない若者が自分に対して冷たい態度をとっても、すぐに「この人はやさしくない」と決めつけない方がいい。それでも彼らの元を去らずに少しつき合いを続ければ、今度はうって変わってやさしい態度を示してくれるようになるかもしれない。もちろん、だからと言って「やっぱり本当はやさしいのだ」と思い込まない方がいいとは思うが。

そうやって自分がその若者にとって〝身近な人〟となった時に、彼らが示してくれるやさしさを、どうやってより広い社会や他人にも向けさせるか。そのあたりが、大人たちがしなければならないことなのだろう。多くの大人は、若者が思わぬやさしさを見せてくれると、そこですっかり安心してしまってそれ以上、考えるのをやめてしまうようだ。

しかし、本当は若者がやさしさを示してくれてからが、大人の腕の見せどころなのだ。

5

「似たものどうしでなごみたい」の法則

ダイエット

ある調査機関が二〇〇一年に行なった大規模なアンケートによると、小学校高学年女子の四割が「自分は太っている」と感じており、実に七割が「今よりやせたい」と考えている。また、四人に一人の子は実際に何らかのダイエットを試した経験を持っているという。「やせたい願望」は、若者を超えて子どもたちの間にも広がってきているのだ。

では、どうして若者や子どもはそんなに「やせたい」のか。小中学生向けの雑誌の編集に携わる知人が、面白い話を聞かせてくれた。「子どもたち、とくに女の子の場合、いちばん気にしているのは女の子、つまり同性の目なんですよね」。

大人たちは「ダイエットをしてスタイルをよくしたいのは、異性の目を意識するから」と考えるだろう。また、精神医学者たちは、過度なダイエットから若い女性たちが陥る拒食症の原因は、「自らの中にある女性性を受け入れられないこと」としてきた。つまり、ダイエットには「男性の目を意識してするもの」か「自分の女性性を否定してするもの」しかない、という考え方だ。

ところが、今の若い女性たちの多くがしているダイエットは、そのどちらでもない。それは、女友だちの視線を意識して行なう第三のダイエットとも言える。

先の編集者は、より具体的に〝若きダイエット実践者〟たちのことばを教えてくれた。「友だちに、カワイイ、やせたね、って言われるのは好き」「でも、みんなから浮いちゃうのはぜったいイヤ」。ちょっとだけ注目はされたいが、個性的になりすぎて目立つのは困る。あくまで、みんなと同じくらいにやせたいのだ。ダイエットに励み、スタイルのよい友人たちと同じような体型となるのは、彼女たちの仲間になるためのパスポートを手に入れるようなものなのだと思う。

とはいえ、そこでまわりの人たちとまったく見分けがつかなくなり、グループに埋没してしまうのはつまらない。そこから飛び出してしまわない程度の個性化は、どうしても必要になる。そのために、小物やマニキュアといったほんの些細な部分で〝自分らしさ〟をアピールする。それが、今どきの少女たちのおしゃれの流儀なのかもしれない。

もちろん、そうやって個性化をはかっても、大人たちから見れば「みんな同じ、見分けがつかない」ということになってしまう。しかし、そのディテールの違いに敏感に気づいてくれないことこそを、若者は「オジサン、オバサンの証拠」だと考えているのだ。たとえば「モーニング娘。って全員同じに見える」と言ってしまうのは、若者とは正反対の価値観の持ち主だと告白しているようなもの。

同性の友だちの中でみんなと同じでいたい。でも、細部ではだれとも違う自分でありたい。まわりにもそれに気づいてもらいたい。そう思っている今の若者にとって、まず周囲と同じスタイルになるためのダイエットは基本中の基本なのだろう。ただ、そこで彼女たちが目指している「みんなと同じ」のイメージが、モデル並みの体型というのが問題なのだが。

ダイエットに夢中になりすぎている若者に、「太っている方が個性的であなたらしい」と言ってあげるのはまったく逆効果だ。もし声をかけるとしたら、「今の体型のままでも、間違いなくみんなと同じ仲間に見える」ということだろうか。「個性や自分らしさが大切」というメッセージも、まず「みんなと同じだよ、少しも浮いていないよ」という前提があって、はじめて説得力を持つものなのだ。

それにしても、今の若者が考えている「これがこの世代の標準的な体型」というスタイルは、現実離れしているほど細すぎる。ブティックでも、流行のかわいらしい洋服は細身の人にしか入らないようにできている。そちらもなんとか修正しなければいけないが、それはファッション雑誌やテレビ番組を作っている大人の仕事だ。二十年前のテレビ番組を見ると、若いタレントは今よりもっとふっくらしていたことにだれもが気づくはず。「カワイイ子の条件はまずやせていること」という〝常識〟を作り上げてしまったのは大人たちであることを、改めて考えてみるべきだ。

病気

病気をビョーキとカタカナで表記するのが流行った時代があった。この場合、ビョーキとは本格的な身体疾患ではなくて、常識では理解できない行動や趣味のことを指している。「彼のあのワインへののめり込み方、ほとんどビョーキだよね」などと使う。それほど突出している、特別である、という若干の尊敬も含まれていたと思う。

今は、「病気なんだよ」と言ったとき、かつてのビョーキを連想する人はまずいない。若者であっても、「どこか悪いんですか」と心配してくれるだろう。「ビョーキだから」と軽く茶化すことで病気が持っている深刻さを少しでも薄めよう、とする人はいなくなったのだろうか。健康幻想が広まる中、とにかく病気は悪くてネガティブなもの、という考えが広まっているのかもしれない。あるいは、ビョーキと言われてまで個性的でいるのはいや、と思う若者が増えているとも考えられる。

一方、「傷ついた」「心の傷がある」と自ら口にする若者は、急激に増えている。子どものときに心に傷(トラウマ)を受けたために、大人になってからも生きにくさを抱えている人を一部の心理学者やジャーナリストがアダルト・チルドレンと呼んだところ、あっという間に広まった。今ではこのアダルト・チルドレン(ACと略されることも多い)に関係したホームページは、ほとんど無数にある。そこは、「私は病気でもないし、心に傷を受けてもいない」という人は立ち入ることのできない世界。しかし、ひとたび「傷を受けた」とさえ認めれば、仲間たちがあたたかく迎え入れてくれる場所だ。

かつてのビョーキは、突出した特徴や個性の代名詞であった。人にはきらわれるかもしれないが、思わぬ生産性や才能に結びつくこともありえた。ところが、今の若者たちが好んで使う「心の傷」の方は、突出ではなくて同じような仲間との同化の方向にしか発展しない。大人から見ると、彼らが訴える苦痛や過去の物語はどれもこれも同じように見えてしまうが、そうやって〝みんなと同じ〟と受け入れられることがまず大切なのだろう(ここでは、災害や事件、虐待などによる実際の「心的外傷」と、若者が簡単に口にする「心の傷」とをあえて分けている)。

しかし、まわりに同化する時期がしばらく続くと、必ず今度は「自分らしくありたい」という個性化の欲求が生まれるはず。ただ、「傷ついた」という思いを核に個性を築いていくのは容易なことではない。では「傷は癒えた」となればいいかと言うと、そうも行かない。癒えるということは、これまで「わかるよ」となぐさめてくれた仲間の元を離れるということにもつながるし、心の傷がなくなったあとには、もしかすると個性的ではなく平凡な自分しか待っていないかもしれないからだ。「自分はどこにでもいる人間だと認めたくない」という〝平凡恐怖症〟を持つ若者は、二十年前も今も一定の割合で存在する。

ビョーキにまでなってまわりの注目を集めたり、孤立してしまったりするのは怖い。もちろん、本当に苦しい病気はイヤ。そこで「心の傷」を足がかりにだれかとつながり、「同じだね、わかるよ」と認め合いたい。でも、そこから次の一歩をどうやって踏み出せばよいかわからない。今そんな若者が、たくさんいる。「自分らしく生きなさい」「ふつうじゃ面白くない」と口では言いながら、ではどうすれば個性的な生き方ができるかを若者や子どもに教えられなかった大人にも、その責任の一端はある。あるいは、かつて「オレ、ビョーキ」と言いながら好きなことをしてきた元・青年が今、四十代、五十代となってはつらつと生きていないことにも、若者が「平凡はいやだけど特別もコワイ」と怖じ気づく原因があるのではないか。

病気、ビョーキ、心の傷、どれも諸手をあげて歓迎すべきものではないが、それらをきっかけに自分の生き方を見つめなおすことはできるはずだ。今の若者が自分の生きにくさを「傷ついた」と表現し、それを仲間どうしで共有し合ったあとに、それぞれがどうやって立ち上がって行くのか。それとも、いつまでもそこに停滞したままなのか。若者たちが自分で決定するのを、大人は祈るような気持ちで見守るしかないのだろうか。

悲しむ

「なにが悲しいって、あんな悲しかったことないですよ」と学生が話してくれたことがあった。彼はある楽器の演奏で高い腕を持ち、世界コンクールに出場するためにヨーロッパに行ってきたのだ。こう言うと「コンクールで失敗でもしたのだろうか」と思うかもしれないが、そうではない。彼が言うには、「毎朝、目覚めた瞬間に携帯電話を探しちゃうんですよ。そのたびに「あー、ここは日本じゃないから携帯通じないんだ」と思う、それが悲しかったんです」とのこと。コンクールでもあまりいい成績はあげられなかったのだが、それについては「一生懸命やったし悔いはまったくないです」。

いつもと同じことができないから、とても悲しい。最初からいつもと同じではないコンクールに関しては、失敗しても悲しいとは思わない。たったひとつの例をあげただけだが、この傾向はほかの若者にも見られるのではないか。たとえば、オリンピックで期待された成績を残せなかった選手が「申し訳ない」と頭を下げ、涙を流すというおなじみの光景も、今はほとんど見られなくなった。ある選手は、下位で終わった試合後、「会場はいい雰囲気だったし、国民にも感動を与えられたと思うし、満足しています」と、かつてなら開き直りとも取られかねないことばを口にしていた。プレッシャーから解放された喜びもあるのだろうが、「これでよかった」と力説する姿を見ていると「メダルが手に入るというのは、もしかしたら新たな責任も生じるし、面倒くさいことなのではないか」と勘ぐりたくなるほどであった。

失恋にしても同じことで、ある若者は「失恋したんです」と涙を流していたが、一週間後に会ったら「彼女からもう一度、やり直そうと言われたけれど断った」と語った。理由を尋ねると、「いないことに慣れたから」と言う。彼女を失ったときには「いつもあるものがなくなった」ことを悲しんだが、彼女がいない状況が日常になってしまったら、今度はそれが手に入るのはかえって面倒に思えてくる。

こうやって考えれば、若者が「悲しい」と強く感じるのは、「これまであったものや人、習慣が失われること」に限定されてくるとも言える。上司の送別会などで後輩社員が大泣きしてくれ、感動して「また会おう」と誘ったら断られた、という話を聞いたこともあるが、これも彼女は単に「これまであったものが消える」ことを悲しんでいるだけなのだ。しかも、その悲しみはあくまで自分の側だけの感情であって、相手のために泣いているのではない。

もちろん、若者にとっても「悲しいこと」はいやなはずだから、彼らはなるべく「今あるものや関係」を手放さないようにしたがる。新天地に旅立とうとしないで自宅にいつまでもとどまる若者が増えているのも、単に不況の影響ばかりではないだろう。

かつては、このように「何かがなくなることを恐れ、悲しむ」という愛着の対象の喪失にともなって憂鬱な気分を呈しやすい性質を、メランコリックと呼んだ。その意味では今の若者をメランコリックと呼ぶことはできないだろう。なぜなら、彼らは今あるものを手放すことには恐怖を感じているが、一度、失われてしまったものに対しては意外なほどクールで、また前の状況を復元したい、そこに戻りたい、とは考えていないからだ。本当にメランコリックな人は、いつまでも涙や悲しみを引きずることが多い。

すべてをなるべく今のままで、という彼らの願いは、自分が年を取ることへの極端な恐れにもつながっている。ある二十代の若い女性は、「今のところは自分の顔のハリは十代のままだけど、これから三十代になってたれ下がっていくのが耐えられない」と顔の筋肉を引っ張り上げる整形手術を受けることにした。すべては変わらないでほしい。何かがなくなるのは悲しい。彼女を手術にかり立てたのは、美への執着というよりは「変わらないで」という、その気持ちのように思えた。

そうは言っても、時間の流れを止めることはできない。いつまでもすべてが同じ、ということはありえない。何かをなくしては悲しみ、またすぐにその状況に慣れて次の悲しみを待つ若者たちには、「変化を悲しむな」と言えばよいのか、それとも「悲しむべきことはほかにある」と言えばよいのだろうか。

動物

ペットカフェというのを知っているだろうか。「ペット病院はペット用の病院だから、ペット用の喫茶店なのだろう」というのは間違い、これは「ペット連れで入ることのできる、人間用の喫茶店」のことだ。しかも、動物愛好家が集まる場所というわけでもなく、ペット連れの若者がふつうの客たちの間に自然に混じってお茶を飲んでいる。最近、東京を中心に、このペットカフェが急激に増えているという。エキゾチック・アニマルと呼ばれるめずらしい動物を集めたペットショップや愛犬雑誌も年々増えており、特に若者の間では、ちょっとしたペットブームが起きているともいえる。インターネットを見ると、ペットの成長日記を公開する若者の数に驚くことだろう。

日本人もヨーロッパの人たちにならって、犬などのペット動物を人間の大切なパートナーとして認めるようになってきたのだろうか？　そう結論づけるのはやや早すぎることは、若者とペット動物の関係を観察しているとよくわかる。彼らはペット動物が「自分の気持ちをよくわかってくれる」と言うが、それはかなり自分に都合のよい解釈であるように思う。「私が悲しいときはネコのミーちゃんも泣いてる」「ボクに彼女ができたのを喜んでハムスターのハム夫も走り回っている」。動物はことばを話さず、とくに小動物は表情も変化しないので、いくらでも人間側の思い入れや感情を仮託することができる。これが人間相手であれば、しつこく励まされたりときには批判されたりと、思わぬ反応が返ってきて傷ついてしまうこともあるだろう。このように若者は、人間との言語を介したコミュニケーションで疲れ傷ついた心を、もの言わぬペット動物との触れあいで癒しているようなのだ。

また、動物のふわふわした手ざわりや体温も重要な要素だ。母親との一体化した世界しか知らなかった乳児は、見知らぬ人間がウロウロしている世界に出て行くときに、ふたつの世界の〝橋わたし〟をしてくれる「移行対象」というモノを必要とすることがある。それはたとえば、乳児時代にいつもそばにあって、からだになじんだ毛布のきれはしやタオル、ボロボロのぬいぐるみなどだ。それらを握りしめ、ときには想像の世界でぬいぐるみやタオルから「ボクがついているからダイジョウブだよ」などと励まされながら、幼児は家族以外の友だちや大人があふれた社会に出て行くのだ。そして、外の社会でまだひ弱な心を傷つけられたときには、〝自分の味方〟である移行対象に顔をうずめ、しばし幸福だった母親との世界に戻ったりもする。

そういう意味で、ペット動物は今の若者にとっての移行対象だと言えるだろう。動物を飼育しているように見え、実はペットに寄りかかり、励まされたりなぐさめられたりしながら、なんとか厳しい世の中に出て行くことができるという人も少なくないはずだ。しかも、家でペットと触れあう大人以上に、若者は、その移行対象としての役割をもっと直接的に必要としている。だから、たとえ喫茶店であっても、その場に溶け込むためには〝橋わたし〟としてのペットがどうしても必要になるのかもしれない。

これは、若者が幼児化しているということだろうか。たしかにそれは否定できないが、なぜ今まで大人はペットなしでも喫茶店に入れたか、ということを一度、考えてみる必要がある。たとえば大人の男性の中には、会社を休んだ平日の昼間にリラックスした服装で喫茶店に入るのをためらう人も多いはずだ。しかし、同じようにサボっていても、スーツ姿なら、外回りの営業の合間に寄ったようにも見えるので、より入りやすいのではないか。また、ひとりでは入れないが子ども連れの主婦どうしならだいじょうぶ、という女性もいるだろう。つまり、大人たちも「スーツ」や「子ども」などを自分なりの移行対象として使うことで、ようやく社会に参入できているかもしれないのだ。ただ、それらを移行対象として使っている自覚がないので、「自分は何かに頼ったりしなくても、堂々とふるまえる」と思い込んでいるだけにすぎない。

そうやって考えると、若者のペット動物好きというのは、「私は移行対象がなければ世間に足を踏み入れることができません」というのを素直に認めた結果、と考えることもできる。これからも動物に依存し続けるしかないのか、それとも少しずつ自立していって動物とよいパートナー関係を築けるようになるのか、が問題なのであるが。

好き・きらい

今の若者は、きらわれることを極端におそれている、と言われる。たしかに、カウンセリングをしている不登校などの少年や少女から、「私をきらわないでください」といった手紙をもらうことがよくあった。学生の学期末のレポートに「先生は僕のことをきらっていたようですね」と書いてあるのを見つけ、どきりとした経験もある。会社員の若者が「私、部長にきらわれてるから」などと話すところにもよく遭遇する。

こういうときにいつも感じるのは、彼らはなぜこれほど簡単に「きらわれた」と思ってしまうのか、ということだ。これは「きらわれてはいない、好かれているのだ」という意味ではない。友だちや家族の間でならともかく、右にあげたのは、すべて一応は社会的な場面だ。そういった治療の場や講義の場という関係の中では、ふつう「好き・きらい」といった感情は発生しないはずだ。ある学生について「優秀」「不まじめ」といった評価を下すことはあるが、それは「好き・きらい」とは違う次元にあるものだ。会社でも同じだろう。

大人にとっては、「好き・きらい」は私的な関係になってはじめて意識すべき感情である。医者―患者、上司―部下といった社会的な関係がはっきりした間柄では、それを認めたり、実際の関係に持ち込んだりすべきでないことは暗黙の了解になっている。

ただ、若者に「私のこと、きらいなんですね」と言われると、「そんなことは考えたこともない」と思ったあとで「本当はどうなんだろう?」と自分に改めて問いかけたくはなる。そうすると、「教師と学生で、好きもきらいもあるわけないでしょう」とは言い切れず、やはり自分の中にも、ほんの少しは相手に対して「好き・きらい」の感情があることがわかる。社会的な関係の中には個人的感情が介入する余地はまったくないはず、というのは大人の建前なのかもしれない。

おそらく若者たちにとっては、その微妙な個人的感情の部分こそが最大の関心事になっているのだ。だから、教員から「君のレポートはよくまとまっていたね」と言われるよりも、「あなたみたいな子、けっこう好きだな」と言われる方がうれしい、という学生もいるのも当然だ。

そのように、あらゆる人間関係において、ほかの社会的評価よりもまず「好き・きらい」の感情が気になってしまう若者にとっては、たしかに「きらう」「きらわれる」というのは致命的なことだ。「あの人はきらいだけれど、仕事はよくできるから欠かせない仲間だ」と若者に思ってもらえるということは、基本的にはありえないのだ。「きらい」という感情が生じてしまったら、その時点で関係は立ち消えになってしまう。

最近は、大人の中にも「好き・きらい」を最優先させる動きが目立つ。内閣の支持率を上げ下げするのも基本的には「好き・きらい」の感情であるし、会社や大学で上の人間が部下や学生に対して自分の「好き」の感情を全面的に押しつけるセクハラ問題も一向に減る気配はない。何かを判断する際に、自分の中に生じる「好き・きらい」の感情だけを基準にするという方法は、とてもシンプルでラクであることは確かだ。しかし、大人までがすべての場面でその方法を用いるようになっては、社会が混乱してしまうのは必至。ときには感情は抑え、いろいろなデータから客観的に判断を下す必要があることは言うまでもない。

ただ、若者たちはすべての関係性の中で「自分はきらわれていないか?」と気にしているということは、知っておいた方がよい。こちらは好ききらいなど考えてもいないような場面でも、彼らは些細な言動を自分に対する感情のサインだと解釈している。そこで「私はあなたを「好き・きらい」ではなくて、ほかの軸で評価している」と堂々と言うべきか、それともとりあえずは「きらいじゃないよ」と言って若者を安心させるべきか、それは個々の大人の判断にゆだねられている。

恋人

恋愛は、いつの時代も若者にとっていちばんの関心事である。「私が若い頃はそうではなかった」という大人は、ウソをついているか忘れているだけだ。その証拠に、カラオケに行くと中高年の人が好むナツメロのほとんどは、濃厚な恋愛の歌。新しい歌の歌詞の方がまだあっさりしており、同席した若者が「昔の歌っていやらしいんですね」と驚くこともしばしばだ。

おそらく、昔は恋愛に対して社会的な規制も今より多かったので、よけいに「恋は不思議ね」と幻想が深まったのかもしれない。交際している相手とのことを現実問題として考えるのではなく、「どこかにいるはずの素敵な人」を空想したり、「結婚ってどんなものなんだろう」と熟考したりする時間がやけに長かった。それが、濃厚にして現実離れするほど劇的な恋の歌につながったのではないか。

しかし、今の若者は、「まだ始まっていない恋愛」についてあれこれ考えをめぐらせたりはしない。好きな相手、つき合っている相手がいないなら、そういう恋愛は存在しないと同じ。考えても仕方ない。そんな時間があるなら、どんな手段でもいいからまず相手を見つけて、そこから具体的に考えるべき。そう思っているのだ。

彼らは、「どこかに私の理想の人が」などとぼんやり考えていては恋人などとても見つからないこと、そうやって恋愛への幻想を深めても、いざ実際の恋愛が始まったときには何の役にも立たないことを、よく知っている。

あるとき、学生たちと話しながらまったくの冗談で「だれか素敵な人がいないかねぇ」と話したら、翌日、何人かの学生から「知り合いに四十歳で独身の男性がいます」といった〝情報〟が寄せられた。笑って放っておくと、何度も「いつ会いますか」と携帯にメールが来る。「まあ今度にしておくよ」などと返事をすると「いったいどうして！」と言われた。

彼らにとっては、「だれかいないか」と言いながら、何も行動を起こさずにいることなど信じられないのだろう。「学生が教員に恋人を紹介するなんて」と思う人もいるかもしれないが、「相手がいない」と言っている人がいれば、自分の適当な知り合いを紹介するのはごく自然なこと、とにかくだれもが具体的な相手を見つけてそこから考えるべき、と思っているのだ。そういう意味で若者にとって恋人とは、「いればいいな」といった夢の世界の存在ではなく、腕時計と同じように「ときどきは取り替えるけれど、とりあえず常にあるべきもの」なのだ。「恋愛は最大の関心事」と言ったが、昔はそれが特別なものだからこそ関心事であったとしたら、今はあたりまえのことだからこそ関心事、ということだ。

では、どうして彼らは恋愛や恋人をそこまで日常的に必要とするのだろう。「ひとりではどうにも心もとない」というのも、その大きな理由であるようだ。どこかに出かけても「これ、かわいいよね」「おいしそうだね」とだれかと確かめ合わなければ、何かを決めることが不安。新しい洋服を着ても、だれかにちょっと「あ、かわいいじゃない」と承認してもらえば安心する。「だれがなんと言おうと私はこれを選ぶ」と、いちいち力を込めながら生きていくのはとても疲れることなので、身近にいる恋人といつも「いいじゃない」「それにすれば」と声をかけ合っていたい……。

つまり若者にとっては、自分だけで考えながら日々を送るよりは、恋人を見つける方がずっとラクなのだ。そのあたりは、「恋人を作るのは本当にむずかしい。でも、それまではひとりで生きていこう」と思っていた大人たちとは、まったく逆。

もちろん今の時代でも、夢みるような理想の恋愛に対してあこがれや幻想を抱いていたりする若者もいるだろう。世の中を見わたしてみると、そういう若者はアニメや恋愛テレビゲームの世界に恋愛の対象を求めることが多いようだ。彼らは現実で恋人ができないからアニメに走ったわけではなく、もしかしたら、もはやそういう世界にしか恋愛幻想は生き残る余地がない、ということなのかもしれない。

セックス

自分の命があと二十四時間しか残っていなかったらみんなは何をする？と、ひとりの学生がゼミの途中で突然、口にした。こういうときに「どうしてそんなこと聞くの？」と理由を尋ねたり不審に感じたりせずに、「そうだね、私なら……」とすぐに答えるのも今の若者の特徴だ。そのときもそこにいた十人ほどの学生は、真剣な顔つきで「二十四時間か」と考え始めた。ひとりの女子学生が「まず部屋の中の見られちゃ困るものを捨てる」と口を開くと、ほかの学生も「うん、うん」とうなずいた。「そして両親ときょうだいの顔を見て、大好きなチョコパフェ食べて……それからセックスする」。

いきなりの発言にぎょっとしてしまったが、そこにいた学生はだれも茶化すわけでも笑うわけでもなく、まじめな口調で「そうだよね」「私も」などと言った。男子学生からは「できるだけセックスすれば自分の子どもを残せるかも」という声もあがり、女子学生たちは一様に「そうか、男の子にはそれも可能だね」などとうらやましそうな顔をした。もちろん、彼らはいわゆる〝遊んでいる〟学生たちではないし、その中には今、実際に恋人がいる人もいない人も含まれていた。口火を切った女子学生にしても、「恋人と」と言ったわけではなかったので、その最後のセックスがだれとのものを意味しているのかもわからなかった。

彼らにとってセックスは、冷やかしや笑いの対象になるものではない。生殖と結びついていることも知っており、単なる快楽の手段だとは思っていない。しかし、だからと言って神秘的すぎるものでもないので、それについて隠したり語らないようにする必要はないと考えている。秘すべきものではないが完全にオープンにするものでもないという意味では、これはほかのどの行為とも微妙に違う位置にあるものらしい。そして、昔は「性に関しては十人十色」などと言われていたが、今の若者はセックスに関してかなり共通の認識を持っているようだ。

その認識がどこで形成されたかについて、はっきりしたことはわからないが、テレビドラマの影響も大きいだろう。以前は、ドラマではセックスを連想させるシーンはあまり描かれなかった。これは倫理的な理由ももちろん大きかっただろうが、それこそ「性に関しては十人十色」なので、恋愛のどの局面でそういうシーンを組み込むかがあまりにむずかしい問題だったからというのもあったのではないか。どういう形で描いても、「遅すぎる」「早すぎる」と違和感を覚えてしまう人が出てくることは確実。それならいっそ、その問題については触れない方が安全だったのだ。

ところが今のドラマでは、直接の描写でなくても、恋人どうしがはじめて夜を過ごすことを連想させるシーンは、ほとんど必須と言ってもよい。逆にそれがいつまでも描かれないままだと、視聴者はリアリティを感じられずに〝つくりごと〟だと思ってしまう。そして、たとえば出会った直後に男女がセックスをするという展開でも納得するだろうし、なかなか結ばれないのであればそれはそれで「何か事情があるのだな」と考えるので、昔のように「もうこうなるなんて(あるいは、まだだなんて)おかしい」と疑問を持たれる心配もない。

テレビドラマあるいはマンガなどでもセックスを連想させる場面があたりまえに描かれるようになったことで、若者もそれを「話す」「お茶を飲む」「カラオケする」などの延長にあるものと考えるようになった。おそらく彼らは、その行為を恋愛の到達点というよりは、もっと広く人間関係のプロセスのひとつととらえているのではないか。だから、最初に引用した女子学生の「命がもうすぐ終わるなら、大切な行為であるセックスをしたい」という発言に対し、まわりの若者はだれも「カレと？」などとは尋ねなかったのだろう。

今の若者たちが微妙な感覚でとらえているものであるセックスの意味が、十年先、二十年先も同じかどうかはわからない。ただいずれにしても、大人から見てとても気軽にその行為を行なってしまう若者の多くは、遊びや快楽の追求ということでそうしているのではない。彼らなりに人として大切なことをしよう、という気持ちで、今日出会った人と、あるいは長くつき合っている人とからだ全体を使ったコミュニケーションを取っているのだ。そんなことは許しがたいと言うのであれば、何かその行為にかわるコミュニケーション法を教えなければならないが、それができる大人がはたしているものかどうか。

6 「いつかはリスペクトしたい、されたい」の法則

有名

将来、何になりたいですか、と若者に質問したところ、「有名になりたい」「ビッグになりたい」という答えが返ってきて、途方に暮れる——。こんな経験をしたことはないだろうか。そんなとき、大人はこう思う。「有名、などというのは何かをした結果、ついてくるおまけの価値のようなものだろう。最初から有名になることを目指すなんて、順番が逆だ」。

しかし、世の中を見わたすと実体のない有名人、著名人はけっこうたくさんいる。新聞記事などにも「多くの著名人を集めて式典が開かれ」「各界の有識者たちが活発に討論を交わし」といったフレーズをよく見かけるし、飲食店には「有名人が押しかける店」といった雑誌のコピーが貼られていたりする。そういう表現を見ていると、「やはり何をしたかが問題なのではなく、いかに有名かの方が大事なのではないか」と思う若者が現れてもおかしくはないだろう。

では、なぜ若者は有名になりたいのか。ある若い女性マンガ家の作品に、美術学校に通いながら「どうしても絵がやりたい、というわけじゃない」と悩む女子学生が出てくる話があった。「私は何をやりたいのだろう」と考えた彼女がたどり着いた結論は、「そうだ、私はインタビューを受けるような人になりたいんだ」というもの。雑誌の編集者に「あなたが好きな洋服は？　休日は何をしていますか？」と、いろいろ聞いてもらいたい。そういうように多くの人たちが自分のライフスタイルや考え方にまで注目してくれるような、そんな生き方がしたい、ということだ。

有名になるとは、すなわち自分に多くの人が関心を持ってくれるということ。そうやって人々の視線を感じながら生きていきたい。それが、「有名になりたい」と答える若者たちの願望なのだと思う。そしてそれは同時に、そうやって注目してもらわないとひとりでは自分を支えきれない、という彼らの不安感、不全感をも現している。

インターネットの世界には今、おびただしい数の日記サイトがある。だれに強制されているわけでもないのに、若者たちは毎日の生活から失敗、秘密にしておきたいようなことまでを律儀に書き続ける。もちろん、そこに少しは誇張や脚色もあろうが、そうだとしたらもう少し自分を美化する方向に話を作ればよさそうなものの、それはあまり見当たらない。おそらくはほとんどの人が、赤裸々に自分の日常をそのままつづっているのだろう。

もちろん、多くの書き手は匿名であるが、そうやって毎日のすべてをどこかのだれかに読まれ、知られることで、「私はたくさんの人に関心を持ってもらっている」と安心を得ているのではないか。それは、手段は何にせよ、とにかく有名になって多くのインタビュアーに囲まれ、「あなたのことをもっと教えてください！」と迫られることで手に入るのと同じ質の快感や安心感を、若者たちに与えているはずだ。彼らにとっての「有名になる」とは、お金を手にすることでも権力の座につくことでもなく、ひたすら「だれかに常に関心を持ってもらうこと」なのである。

だから、若者の中には、自分が本当に有名になったときに「自分が目指していたのは、これじゃなかった」と後悔する人も少なくない。ある若い人気作家は、「何十万人もの読者に愛されたって、不自由なだけということがわかった。本当の自分を見てくれる人は、どこにもいない」と、その孤独感を訴えていた。願いがかなって有名になっても、今度は大勢の不特定多数の人にではなく、特定の恋人や友だちにだけ自分を見てもらいたい、と思い始めるようなのだ。「有名」を目指し始めてしまうと、そのゴールはあちこちに移動してなかなか旅は終わらない。

だからと言って、「幸せの青い鳥はすぐ身近にいるのだ」といったたとえ話を持ち出して若者を説得したところで、あまり効果はなさそうだ。「有名にならなくても、人々から注目されなくても、自分らしく生きて行けば不安じゃなくなるはず」ということを、大人はどうやって彼らに実践して見せればよいのだろうか。まず、有名人、著名人を過度に持ち上げたり、意味なくバッシングしたりしないようにすることが必要なのは、言うまでもない。

男らしさ・女らしさ

一時、主に働く女性たちの間で、「男前」というのが同性をほめるための形容詞として流行した。今でも若い人たちの会話の中には、ときどきこのことばが出てくる。自分をしっかり持って仕事の腕も一級、でも情に厚く面倒見もよい。

「オンナは自分さえよければいい」などという固定観念が存在した時代もあったが、「男前」はその反対。八〇年代に漫画家の中尊寺ゆつこさんが提唱した「おやじギャル」とも共通するが、「男前な女」の特徴はなんといってもこの「自分の利益だけではなくまわりのことも考えている」ことにあろう。つまり、公共性の精神を持っているのだ。

具体的には、本人の前でも堂々と「ユキさんってホント、男前ですねぇ」と言い、言われた方は「そうかな?」とうれしそうに照れ笑いをする、そんな使われ方をすることが多い。

説明は不要だとは思うが、「男前」は決して現実の男性に近いことを意味しているわけではない。あくまで、「かっこいい女性」を表現するためのことばである。そしてこれは、外見のいわゆる「男っぽさ」とはまったく関係がない。それどころか、「男前な女」たちは服装や化粧にもきちんと気をつかっているため、外側はむしろ「女性っぽく」見える。従来の男性——いわゆる「おじさん」——は、こういった外側と中身が離反した「男前な女」の複雑なあり方を理解せず、見た目だけで「色っぽくてイイ女」と言うか、仕事ぶりから「まさに男まさり」と言うかだろう。目の前にいる人をこれまでの「男」か「女」、どちらかの性の概念に無理やり分類することしかできないのだ。逆に、そういう人たちこそが「おじさん」と呼ばれるのかもしれない。

では、「男前な女」が増える中で、実際の男はどうなっているのだろう。容易に想像がつくとは思うが、「男前な男」はそれほど増えているとは思えない。職場でも、自分のために、また後輩や会社のためにせっせと働く「男前な女」たちを横目で見ながら、権威にしがみつき出世をねらい私腹を肥やすのは、ほとんどが男性。しかもそういう男たちは「男前な女」に対しては「オトコだかオンナだかわからない」と冷たく、決して自分の恋愛や結婚の対象として彼女たちを選ぶことはない。

かくして、まだまだ男性中心の企業や組織では「男前な女」は同性や後輩からは熱い支持を集めても、出世もパートナー探しもなかなか思うようにできず、と十分、幸せになりきれないケースも少なくない。その姿をいやというほど見てくると、最初は「私も先輩のように仕事もできて人間も大きな人になりたい」と思っていた若い女性たちも、「やっぱりそんなことしても損するだけだから」とあきらめざるをえなくなる。

もちろん、すべての若い女性たちが、社会で仕事に全力投球する人生を選択する必要はない。しかし、「そうしてみようかな」と考えた人が「やっぱりやめた」と断念してしまうのは、やはり社会全体の損失とも言える。そうならないようにするには、大人の男性たちがまず、「外見は女性的だが、内面的には自立してしっかり働こうとする男前の女」という新しい女性のあり方を認めることが必要。そして、今や従来の意味での男らしさ——公共性や指導力など——は彼女たちの中にしかないかもしれない、ということも一度、考えてみた方がよい。そしてその上で、「よし、では自分がそういう女性をサポートしていこう」と決意するのが、「新・男前な男」と言えるのかもしれない。

若い人たちの中には、すでにそういう女性たちを素直に尊敬し、愛することのできる男性たちも目につき始めている。しかし、そういう若者の中にも、社会に出て従来の「男か女か」という価値観の洗礼を受けて、すっかり変わってしまう人もいる。

政治の世界を見ても、自分やせいぜい自分の属する派閥の利益のことしか考えていない男性の政治家にまかせておくと国が危機に瀕する、と多くの国民が気づき始めているはず。これからは、若い「男前な女」と、彼女たちと共生できる「新・男前な男」に期待するしかない。大人たちは、せいぜいそういう若者の邪魔をしないようにし、彼らが少しでものびのびと自分の能力を発揮できる社会を残せるか、真剣に考えた方がいい。

あきらめる

今の若者はあきらめが早い。これもほとんど定説のように語られていることである。たしかに、就職試験などでも理想の企業を二、三社受けて落ちた時点で「もういいや」と就職するのをあきらめてしまう学生も、ときどき目にする。そういう若者に「私の頃は、採用されるまで三十社、四十社と受ける人もいたよ」などと激励のことばをかけ、「どうしてそこまでするの?」と不思議そうな顔をされたこともあった。その人の話をよく聞くと、「そうやって納得のいかない会社につとめるなんて、自分にウソをつくことじゃないか」という言い分だった。さらに、「その人、自分の理想をあきらめて妥協した、ってことですね」とまで言われてしまった。たしかにその方が「あきらめ」だと言えなくもない。

理想を追求してうまくいかないとすぐに行動するのをストップする若者と、理想をどんどん下げてとりあえず行動を続ける昔の若者。いったいどちらが「すぐにあきらめる若者」なのだろうか。

「理想を下げたり自分にウソをついたりするのはイヤだ」と行動そのものをあきらめてしまう若者の心の中にあるのは、「いつまでも純粋に理想を追っていたい」という一種の理想主義だとも言える。しかし、だからと言って、どんなことをしても理想を実現しようと思えば、それまでの間は、どうしても純粋ではいられないこともある。「下積みからコツコツと夢に近づく」というと聞こえはよいが、その下積み時代には妥協、プライドの傷つき、ウソ、泥くさい努力、といった純粋で美しいとはいえないこともたくさん経験しなければならない。それに何より、理想を追求するまでの間にも生活はしなくてはならないのだから、お金も必要になってくる。

若い人たちには、理想を追求し、実現するまでのこの担保期間が、どうしても受け入れられないのだろう。だから、ひとつかふたつ理想の企業を受けたり、歌手志望ならちょっとオーディションを受けたりし、ダメだったら「純粋でいられないくらいなら、もういいや」と引いてしまう。そしてまた何年後かに、ぽっと試験やオーディションを受けてみたりするのである。もちろん、その間も傷ついたり妥協したりするのを避けるために、それらしい努力や葛藤は何も経験していない。だから、次に試験を受けてもまず受かることはないだろう。

そうやって、〝純粋〟なまま理想の実現を手に入れようとする若者たち。彼らの行動が大人からは「あきらめが早い」と見られてしまうわけだが、実は彼らほど理想を手放せない、「あきらめの悪い」人はいないのかもしれない。

では、そういう若者たちに大人は、「そうやってただ純粋なまま理想をあきらめずにチャンスを待っていても、ムダなのだ」とはっきり告げるべきなのだろうか。彼らがそうなった背景には、大人たちが「どんな子どもにも無限の可能性がある」「だれでも努力すれば何でもできる」「これからはだれもが個性を生かした職業につかなければならない」といった幻想を吹き込みすぎた、という問題もあるはずだ。だから、そうやって「理想を高く持て。あきらめずに夢を抱け」とさんざん言ってきた大人が、ある日、突然、「夢ばかり追い求めないで、もっと現実を見て妥協しろ」というのはあまりに無責任だと思う。若者とすれば、「いったいどっちなんだ」と理不尽さを感じてしまうだろう。

では、どうすればよいのか。ひとつの方法としては、若者に「理想を実現するまでは、純粋じゃないと思われることだってしてみていいんだ」と実践して見せることがあると思う。

たとえば、いったん社会人になって、しばらくしてから理想の実現のために大学に入りなおすとか、結婚して子育てが終わってから音楽の勉強のために外国に行くとか、そういう〝まわり道〟をして理想を実現する大人がもっと増えてくれば、なかなかうまく行かずに臆病になっている若者たちも、とりあえず社会に一歩を踏み出せるのではないか。「あきらめない」ということは、一本道を突き進むということとは別なのだ。

人生には、ポーズボタンも再スタートボタンもある。このことを若者に、大人が身をもって示してやる必要がある。

ねたむ

私が大学生のときの話だからもう二十年も前の話になるが、久しぶりに中学の友だち数人で話したことがあった。それぞれ今の生活について報告することになり、「医学部に行ってるんだ」と話すと、高校を出て地元でアルバイトしていた友人が「どうしてそんなことしてるの？　解剖とかするんでしょ？　気持ちわるーい」と顔をしかめた。私自身、医学部に行きたくて行ったわけではなかったのだが、そこまで言われると若干、プライドが傷ついた。それまでまわりに話すたびに「すごいね」「うらやましい」などと言われ、自分では「医学部なんて本当はイヤだ」と思っていたにもかかわらず、肯定的な社会的評価にすっかり慣らされていたのだ。

おそらく今は、「医学部に行くのはいいこと」といった先入観にとらわれることなく、自分でいいと思えなければ「私はイヤです」とはっきり言える若者は、さらに増えているだろう。高校生と話していても、「進学クラスの子は勉強ばかりしてかわいそう、私は就職クラスで本当によかった」といったことばをよく聞く。そういう子は決してねたみや負け惜しみでそう言っているわけではなく、心からそう思っているのだ。

身近にいる学生を見ていても、先に就職が決まった同級生に対してねたんだり、自分が卑屈になったりすることはまずないようだ。「おめでとう」と素直に言うか、逆に「大変だな、それに比べて自分はラクでいい」と自分の置かれた立場を肯定しようとする。もちろん自分も就職が決まれば、今度は「やっと決まってほっとした」とそちらを肯定するのだ。そうやって必ず、現在の自分の立場や状況をいつも肯定的にとらえるようにしておけば、たしかにだれかにねたみの感情を持つこともないだろう。

それでは、「自分がいちばん」と思っている若者はいつも他人の成功に対して寛大なのか、というとそれも違うのだ。若者向けの雑誌を見ていると、ときどき「相手を不幸にするおまじない」や「呪い」の特集が載っていて、ぎょっと驚くことがある。怨霊や妖怪といったドロドロした存在への関心も、年々高まる一方だ。今の若者の寛大さは、自分の適性や個性をきちんと自覚できるようになり、社会的な評価に惑わされなくなったから生まれたものとは言い切れないのだ。「まあいいさ」「これでよかったんだよ」と自分に言い聞かせ続け、「あの人は一見、うまく行っているけれど、それはそれで大変なんだよ」と思い込もうとしているだけ、という人もいるのではないか。そういう若者が自分の中に抑えこんでいるねたみや憎しみが、今の「おまじないブーム」や「怨霊ブーム」に姿を変えているのではないだろうか。

もちろん、ちょっとしたおまじないを唱えたり、妖怪グッズを買ったりするだけで簡単に消えてしまうねたみなら、それほど心配することはない。しかし、それぞれの生き方、考え方がある程度、自由に認められる場所(たとえば大学など)ではそれですんでいても、いったん社会に出ると、それではどうにも抑えきれないねたみが生まれることもある。たとえば、世間の母親を震撼させた東京・文京区の幼女殺害事件でも、容疑者の女性は「地域の若い母親たち」というグループに組み込まれたときに、自分の中のねたみや憎しみなどをうまく処理できなくなってしまったと考えられる。

社会に出るまでは「今の自分がいちばんいいから、他人がうまくやっても関係ない」と思えていた若者が、社会に出て突然、激しいねたみの感情に巻き込まれるのは、とても気の毒な話だ。そうならないためにも、学校にいるうちから競争社会の厳しさをしっかり教え込むべき、という意見もある。とはいっても、やや不自然とはいえ他人の成功に「よかったな」と言える寛大さを、若者に失ってほしくはない。理想的には、社会に出て「やっぱり自分には劣っている面、負けている面がある」と気づいた若者がそれをねたみの感情に変えないように、「でも、キミにはキミの良さがあるじゃないか」と大人がリードしてあげることが必要だ。

だが、大人がねたみの激情にさらされていてはそれもできないのは言うまでもない。

老人

先日、写真集を出したという十七歳の女性タレントが、テレビで「十四歳のときの写真と比べたら、年取っちゃったなと思った」と感想を述べていた。たしかに、若者はすぐに自分のことを指して「もう年寄りだ」「年を取っちゃった」と言う。

大学の二年生の講義で、「いちばん恐いもの」をあげてもらったことがあった。すると一位は、なんと「高校生」。理由は「理解できない」「なぐられそう」などさまざまだったが、こちらからは大学二年と高校生などほとんど同じように見える。そう告げると、「全然違いますよ、こっちはもう年だし」と言い返された。いつから「自分はもう年」と思うのかはわからないが、もしかすると十四歳も十七歳も二十歳も、それぞれもっと年下の人を見ながら「私は年だから」と思っているのかもしれない。

しかし、十代でありながら自分を年寄りと思っている若者も、本当の年寄り、つまり老人と呼ばれる人に対しては、逆に年を感じていない場合がある。「あの人に会うと元気になる」と、わざわざ老人に会いに行く若者も多い。たとえば、もう亡くなった高齢の双子のきんさん、ぎんさんの家には、今でもたくさんの悩める若者が「元気になりたい」と訪れると聞いた。身体的には元気と言えない老人に、若者が「癒し」を求めることもある。以前、勤めていた病院に長期の入院ですっかり高齢になった患者さんがいたのだが、若い看護士たちは「あのお年寄りのそばにいると癒される」と言ってよくその人の部屋を訪ねていた。〝塩爺〟という異色のニックネームを持つ塩川財務大臣も、人気の秘密はユニークな口調や表情が「人々の心を癒すから」と言われている。もちろん、中には高齢になっても心身が壮健で、若者を叱ったり励ましたりする老人もいる。

このように若者たちは、尊敬する老人に「元気をもらいたい」「癒してもらいたい」「叱ってもらいたい」と望んでいる。中には「守ってほしい」「助けてほしい」と思う人もいるだろう。逆に言えば、自分に何かを与えてくれるような老人だからこそ、好きだと思ったり敬意を払ったりするのだ。

彼らは決して、自分たちが老人を守ったり養ったりする立場にあるとは思っていない。だから、もし、彼らにそう要求したら「私は年だから」と断られるかもしれない。彼らにとって「年だ」「年寄り」というのと「老人」は、明らかに違うものなのだ。

いつまでも、老人とは自分に何かをしてくれるもの、と思い込んでいる若者たち。もし、これを何とかしようとするならば、「本当の老人」と「もう年だと思う若者」との間にいる大人たちが、ちょっとした工夫をする必要がある。

若者が「私はもう年寄り」と言う背景には、世の中全体に広まる「少しでも若い方が価値がある」という考え方があると思う。「若い子が職場にいるといいよね」「三十代の女性社員なんて」といった言い方、マスコミの、より若いタレントを取り上げる姿勢などから、若者は「一歳でも若ければ偉い」と暗黙のうちに思い込まされている。

また、若者でも老人でもない大人たちの覇気のない態度、仕事に追われた余裕のない生活などが、若者たちに「年を取る恐怖」を植えつけ、早い時期から「若くない」と思わせてしまう原因となっている。そして、その活気のない大人時代をなんとか乗り越え、癒したり元気を与えたりする老人になる、一歩手前の管理職クラスの人たちは、ここぞとばかりにその下の世代に横やりを入れたり締めつけを厳しくしたりして、いっそうやる気を失わせている。

そう考えると、若者から「私を癒してください」と思われる老人というのは、長く暗いトンネルをうまく抜け出ることができた〝選ばれた人〟と言えるかもしれない。老人たちとしては、いつまでも若者に何かを求められ頼られ、うんざりしているのかもしれないが、「どういう老人が若者に好かれるのか」を、大人たちはもう一度、きちんと見てみた方がよい。そして、大人が「若者を元気にできる老人」から何かを学ぶことができれば、「私はもう年だし」と言い続ける若者も自然に減るはずなのだ。それまでには長い時間がかかり、今の若者も本当の年寄りになってしまうかもしれないが。

先祖

若者は「ご先祖さま」などには何の興味もないのでは、と思う人もいるかもしれないが、実はそうでもない。墓参りに出かける若者が、年々減少していることは各種調査結果からも明らかだが、たとえば私が講義をしているデザイン系の大学でも、卒業研究で現代的な仏壇を作ったり葬儀会社に就職したいと希望したりする学生がときどきいる。彼らは、自分の祖父母などの葬儀の経験を通して先祖供養や弔いの大切さを知った、と口をそろえて言う。また、若者が話の途中で「私の守護霊は曾祖父なんですよ」などと、あたりまえのように言う場面も少なくない。

では、若者は先祖のどういう面を大切に思っているのだろう。これについて、社会心理学者の金児《かねこ》暁嗣《さとる》さんが面白い調査結果を報告している。大学生の意識調査を行なうと、宗教に対する好意的な態度(向宗教性)については父母の世代に比べて非常に否定的であるのに、「祖先に守ってもらっている」という「おかげさま」意識や「供養をしないとたたりがある」という応報観念については、むしろ父母の世代より高い場合すらある。とくに女子学生では、「水子供養をしないといけない」「死者の霊に何かをするとたたりがある」という応報観念がほかのどの世代よりも高いという結果が出ている。

つまり、若者が「先祖」を思うときには、「守ってもらう」にせよ「たたりがある」にせよ、現実の自分自身との関係の中で、その力を実際に感じたりおそれたりしているということだ。ただ漠然と、「先祖は敬うべきもの」「一家のルーツだから偉い」と思っているわけではない。

だから、先祖供養や弔いに熱心な若者を見て「今の若者も捨てたものではないな」と思い、日本の神話や歴史などの話をしようとすると、とたんに無関心な顔をされることにもなりかねない。彼らは、自分に対してポジティブであれネガティブであれ影響力を持ちうるものをおそれ、敬っているだけで、自分とは直接、関係のない古代の人物などには何の関心もないのである。

また、若者はそうやって目に見えない先祖や死者の霊魂から与えられる影響に対して、驚くほど無抵抗である。「私、よく金しばりにあうんですよ。それ、おばあちゃんの霊らしいんですよ」と話す若者に、金しばりは生理的な現象で心霊とは関係ないこと、ちょっとした睡眠の工夫で解決する可能性があることを話したのだが、「ふーん。でもおばあちゃんの霊だから仕方ないって」と、まったく聞き入れてもらえなかった経験がある。大人は科学では説明のつかない現象だから信じられない、と思うところだが、若者は逆に「目に見えない超常現象だからこそ信じるし、それは人間にはどうにもできない」と思うのだ。

これには、若者が学校や職場などの日々の生活で感じる無力感も関係しているかもしれない。今は、高度成長時代のようにがんばれば必ず報われるわけではない。人の幸運・不運は、努力ででではなくコネや偶然などで決まっていくということを、今の若者は身をもって体験している。

そういう中では、日常を超えた力を発揮できる祖先の霊は、彼らにとっては無条件に尊敬できるものであり、それに抵抗することは自分にはとてもできない、と思ってしまう。そうであるなら「霊魂なんて」と疑ってかかるより、ひたすら「何とぞご先祖さまがお守りくださり、奇跡を起こしてくださいますように」と祈り、「どうぞたたりを起こさないようにお願いします」と願った方がずっと賢い。「ご先祖さまは大切」と言う一見、古風な若者たちは、そう思っているのだ。

日本の社会が再び元気を取り戻し、若者が守護霊などの力を借りなくても自分の実力だけで道を切り拓いていけるようになったら、再び先祖を顧みる人は減っていくのだろうか。「先祖の力にすがるためにそれを敬う若者」と「自分の力だけを頼りに先祖など無視する若者」、どちらがより好ましいだろう。ただ、若者が意外に先祖を大切にすることを無邪気に喜ぶのはまちがい、というのは確かだ。

先輩・上司

先輩をなんだと思っているんだ、と若者に対して怒りをあらわにしている大人がいる。その人たちを失望させるようだが、はっきり言って、若者は先輩や上司をなんとも思っていない。

というか、ただ年齢や地位が上だからというだけで先輩や上司に一目置く、敬意を払うことはないのだ。あくまで、その人自身がどういう人かが、問題。

だから、逆に相手が後輩や部下であっても、その人に自分にない特技や魅力があれば、「すごいね」と素直に言えるのも、今の若者の特徴だ。

ただ、自分や相手の年齢や肩書きで上下の関係が決まる、という考えに慣れている年代の人にとっては、これはとてもやりにくい。まず、相手がどんな人間か、中身を知ったり伝えたりするまでには、かなりの時間がかかる。「係長」「部長」などの肩書きだけで、敬語になったり命令口調になったり、というのが決まる方が、ずっと話が早い。

また、学校や職場の指示や命令には、いちいち理にかなった理由があるわけではない。たとえば先生が「気をつけ！」と言えば生徒は全員「気をつけ」の姿勢をとるから朝礼も円滑に進むが、ここで「どうして今、気をつけをしなければならないのですか」「なぜ先生だからって生徒に命令できるのですか」と言い始めては、とても朝礼などできないだろう。

そこで、「どうして?」と疑問に感じる若者に説明をするのは面倒、と思った大人は、ときどき「言うことをきかなければ○○しないぞ」と現実的な理由で脅しめいたことを口にする。また、それまでは「教授だからというそれだけで、僕たちに命令する権利はない」などと威勢のよいことを言っていた学生も、「単位をやらないぞ」といったわかりやすいことばにはとても弱い。

かくして、あまり興味がない講義の場合は、「教授を敬っているから××する」のではなくて、「単位をもらえないと困るので××する」といった構図ができ上がってしまう。もちろん、心の中では「なんだ、あんな教授」と敬意のかけらも持てないまま。これでは、若者がせっかく「肩書きではなく中身で相手を評価」と思っていても、あまりそれがよい方向には生かされていないことになる。

若者も「先輩だからといってどうして偉いの?」と思うなら、いくら相手が「そんなこと言ってると○○してやらないぞ」「言うことときけば○○してやるぞ」と権力を振りかざして来ても、「それならそれでかまいません」「けっこうです」と踏みとどまるべきだ。現実的な罰や報酬を突きつけられるとすぐに妥協してしまうのは、今の若者の弱点と言える。

それから、「相手を中身で評価」というときの〝中身〟にも問題がある。よく聞いていると、「有名人と知り合いだから偉い」といった、非常に表面的な理由で相手に高い評価を与えていることもあるようだ。「そういう〝中身〟があるなら、たしかに尊敬に値するね」と、だれもが納得するような〝中身〟を大人の中に見つけられるように、もっと自分たちの目を磨く必要がある。

もちろん、大人の側にも問題はある。これまでのように「私はこの企業の重役なんだけど」と言っても若者が「へー、それで?」といった反応を返した場合、腹を立てたり不安になったりして、必要以上に権力を見せびらかすのはとてもみっともない。彼らは、先輩や上司を尊敬したくない、と言っているわけではない。「尊敬に値すべき人を尊敬したい」という、ごくまっとうなことを思っているだけなのだ。

「今の若者は上司を尊敬してくれないから」と相手のせいにするのではなく、自分がなぜ彼らに尊敬されていない(ように思える)かを考えてみるべきだ。そして、「一目置ける人に出会いたい」という気持ちは人一倍強い若者たちに、自分の肩書きをではなくて、人間的な魅力を見せられるようにすればよい。「え、そんなことも知ってるんですか?」「すごい、先輩ってこんなこともできるんですね」と、自分にない知識や特技に対しては、今の若者は素直に驚きと尊敬の目を向けてくれるはず。

そして、「人間的にかっこいいから」と若者に敬意を払われることから得られる内面的な満足は、ただ「部長だから」とまわりが媚びへつらってくれることの安心よりずっと大きいことが、すぐにわかるだろう。

仕事

大学のある講義のレポートで、「見る人に好ましくない心理的影響を与えると思われる作品は」という課題を出したところ、全体の二割ほどの学生が自分がプレイしたテレビゲームをあげて論じていた。ほとんどは、「このゲームにはこういう残虐なシーンがあるので、見ている人は不快感を覚える」といった内容。しかし、よく読むとどの学生も、結局はそのゲームをプレイし続けて、最後までクリアしているようなのだ。中にはそのシリーズをぜんぶやっているにもかかわらず、「こんな作品が許されてよいとは思えない」などと述べている人もいた。

ゲームを作りたいという若者にも、同じような傾向が見られることがある。ある若者は、ホラー系のゲームばかり作っているにもかかわらず、一方でゲームの残虐性を批判するような発言をしていた。その真意がわからずによく聞くと、「ホラーゲームで遊んだり、それを作ったりするのは好きだけれど、それがよいものかと聞かれると違うと思う」と言うのだ。「好き、面白い」と「よい」が、彼の中で完全に分離しているのだ。レポートに「ゲームはよくない」と書いてきたゲーム好きの学生たちにしても、同じことだろう。

それでは彼らは、自分が遊んでいたり作っていたりするものは「よくないもの」という自覚のもと、自嘲的になりながら日々を送っているのだろうか。もし本当に「よくない」と思っているなら、どうして「よい」と思える趣味や仕事に移らないのだろうか。

おそらく彼らは、たとえ自分がやっていることが「よいとは言えないもの」だとしても、それを面白いと思って一生懸命に取り組むことで、「よい」「悪い」といった尺度とは違う〝何か〟を得ているのだ。もちろんその〝何か〟はお金ということもあるだろうが、もっと目に見えないものの場合もありそうだ。

たとえば、アダルトビデオを作っているある若者は、「好きなことをやっている自分が好き」と言っていた。彼は、自分の仕事の内容を両親にも隠している。親がその仕事を「よいもの」とは思わないことを、よく知っているからだ。しかし、親にも言えない仕事をしているからといって、彼は決して卑屈に過ごしているわけではない。自分の中だけにある、自分にしかわからない自信や誇りが、彼の仕事ライフを支えているようだった。

このように、社会的な評価やお金に直接つながらなくても、自分の好きなことを仕事にしたい、という若者はとても多い。失業率の上昇が社会問題になって久しいが、その中にも「本当に好きな仕事が見つかるまでは、たとえお金に困っても働きたくない」と、自ら進んで離職する若者も案外多く含まれるという。

おそらく彼らは直感的に、他人や世間に対してではなく、自分で満足を覚え、自分に対して誇りを感じられるような仕事こそ、生きていく上でのいちばん大切な支えになることを知っているのだ。たとえそれが、客観的には「よいとは言えない仕事」であったとしても、〝よい仕事〟をしつつ自分に誇りを感じられないよりは、ずっといいのではないか。そう思っているのだろう。

こういうような、ごく内面的な基準でのみ行なわれる職業選択は、大人にはなかなか理解しがたいものだ。「自分でもよいと思っていないような仕事にどうしてつくんだ」「なぜ、こんなよい仕事を自分からやめてしまうんだ」と疑問に思う場面も多いはずだ。しかし彼らは、「自分で自分を誇ることができる」という、ほかのだれにもわからない基準で仕事を選ぶことが最も大切だ、と思っている。

逆に考えれば、いくら評価や賃金が高くても、自分で好きだと思い込めない仕事について
いる若者は、「自分は不幸だ」と感じていることだろう。そういう若者に「キミの仕事は立
派なんだから、もっと誇りを持って、積極的に働きなさい」と言う前に、大人は「私は本当
に今の仕事に誇りを感じているか」と自問すべきだ。そこで「その通り」という答えが出た
場合は、その個人的な気持ちを若者に伝えればよいと思う。しかし、もし「違う」という答
えが出た場合はどうすればよいか。大人はすぐにそこで仕事をやめるわけにはいかないだろ
うが、そこではじめて若者と同じ目線の高さで語れる大人になれることは確かだ。

ただもちろん、すべての人が「好き」だけで職業を決めていくと、社会はアンバランスな
ものになってしまう。「本当にやりたいこと」しかやりたくない、という彼らの純粋な思い
を大人もわかってやった上で、次の段階ではより広く社会全体を見わたせる力を育てる必要
もあるのだが。

大人

何歳から人は大人と呼ばれるのか、大人とは何か。そういう議論は繰り返し起きるようだ。従来なら「成人すれば大人」と考えればよかったのだから話は簡単だが、最近はその基準があいまいになってきている。精神科の臨床の現場でも、拒食症や家庭内暴力といった思春期の病理にもとづく問題を三十代、四十代になってから呈するケースが目につく。

一方、十二、三歳でしっかりしたプロ意識を持ったタレントやスポーツ選手もいれば、「高校を出ればおばさん」と言っている少女もいる。早々に「私なんてこんなもの」と自分に見切りをつけてしまう、若者の〝早じまい感〟を問題視する精神科医もいる。

いったい、だれが大人でだれが若者なのか。その区別はとてもむずかしい。

先にあげた「思春期の病理を抱える大人」には、親や周囲との関係の中で激しい自己否定に陥っているという共通点がある。「私は親に好かれていなかった」「自分なんて生きていても仕方ない」と、彼らはつぶやく。一方、「大人顔負けのプロ意識を持った子ども」は、自分の才能や使命をしっかり自覚している。「もうおばさんだ」と言う十代も、ある意味、「若くなければ自分には価値がない」と自覚しているのかもしれない。

そう考えると、健全な大人とは「今の自分は何をすべきか」を知っている人たち、ややゆがんだ大人とは「もう何もできない」と知ってしまっている人たち、そして大人とは言えない人たちとは「何ができるかわからない、だれか教えてほしい」と他人に依存している人たち、と定義できるかもしれない。もちろんその場合、年齢は関係ない。

もちろん、子どもや若者はまだ自分に何ができるか、わからなくてあたりまえだ。何もすべての若者が、幼い頃から迷わずに自分の道を進む必要はない。「何ができるだろう」と試行錯誤したり、ときには「だれか教えて」とまわりの大人にすがったり、それは若者に与えられた特権であるはずだ。

ところが今は、その上の世代の大人たちが「自分で自分の人生を自由に決められる時代」の特典をフル活用しすぎて、いつまでも考えたり立ち止まったり、無分別に人生をやり直したりし続けている。それもまたその人の自由なのであるが、彼らが問題なのは、そうやって逡巡を続けてうまく行かなくなったときに、「親の愛情不足が原因だ」「指導してくれない先輩が悪いのだ」と他者の責任にしようとすることだ。自由な決定をするときには、それと引き換えに自分で責任を取る必要があることを、今の大人（年齢的な意味での）は忘れてしまっている。

「子どもっぽい大人」の大軍は、さらにその下の世代である今の若者、それに続く子どもから、試行錯誤や他者への依存の自由を奪っている。彼らが「迷う自由がないならさっさと自分に見切りをつけて、やれることをやるしかない」と思ってしまうのも、ごく当然だ。

もちろん、だからといって、今の三十代から五十代の人たちに、「迷うな、早く人生を決定しろ」と強制することはできない。私自身その世代に属するひとりとして、仕事にしても人生にしてもいまだに迷っているし、ときには自分の不全感を他人の責任にしたくなることもある。現代という時代が、〝迷える子ども的大人〟を必然的に生んでいるとも考えられる。

ただ、そうやって迷うのは自由だが、そのしわ寄せが若者に行くことはあってはならない。迷っている大人を待たずに、しっかり自己決定できる若者に重要なポストを与えるといった英断を、企業や役所もどんどんすべきだと思う。そうすれば若者たちも、早々にあきらめることなく、もっと自由に自分の可能性を伸ばして行けるはずなのだ。

フラフラするなら自分の責任で。そして、下の世代の邪魔をしない。これが大人の最低条件だ。それをクリアしている人は、世の中の何割だろうか。案外、どの世代にも同じような割合でしかいないような気もする。小学校にも一割の大人、政治の世界にも一割の大人、といった具合だ。もしそうだとしたら、選挙権などの〝大人にしか与えられていない権利〟についてもいつか見直しが必要、といった時代も、冗談ではなく来るのではないだろうか。

あとがき

ここまで、「いまどきの若者」の行動や発言を、おおまかに六つの法則に従いながら説明してきた。

どうだろう。「けしからん」「さっぱりわからない」と感じていた若者たちが、少しは身近な存在になっただろうか。

「いくら説明されても、やっぱりあの話し方だけは許せない」と思う人もいるだろう。いや、「こんなのが法則だといわれても、納得できない」と、さらに怒りを増幅させる人だっているかもしれない。

それは当然だ。私自身、この本一冊で若者を語りつくしたとは思っていない。それどころか、正直に言えば、私が理解する〝当世若者気質〟にしても、本当に正しいのかどうかはちょっと怪しいものだ。

ただ、これだけは思うのである。

人間として生まれて、心から「自分なんてどうなってもいいや」と思う人はいない。表面的にはいくらすさんで見える場合でも、心の奥では「私が生まれた理由が何かあるはず」と思い、自分を理解し、受け入れてくれるだれかを探している。まったく意味のないふるまいや何の目的もないことばは、ただのひとつもない。これは、精神科医としての臨床経験から私が学んだことだ。

もちろん、若者だって同じ。彼らの一見、理解しがたい言動の中にも、それなりのわけやメッセージが隠されている。それはたとえば、「私がここにいることを、だれかわかってほしい」であったり、「僕のかけがえのなさを何とかして示したい」であったりする。そして、大人がちょっとだけ足をとめてそういう若者を見つめてみることは、彼らを理解すると同時に、かつて若者であった自分自身やその人生について、もう一度、考えなおしてみることになるはずだ。さらには、若者も大人もみんながよりよく生きるためには、今の社会をどのようにしていけばよいのか、というヒントもそこには含まれているだろう。

私はこれまで、どちらかというと自分も〝若者気分〟で発言をしたりエッセイを書いたりすることが多かった。しかし、年齢的にも立場的にも「私、若者だから関係ないよ」と逃げてばかりはいられなくなり、ようやくひとりの大人として若者論を書いてみる気になった。私に〝大人になる決意〟をさせたのは、岩波書店新書編集部の広田祐子さんである。若者のすがすがしさと大人の寛大さをあわせ持った彼女がいなければ、本書の誕生は考えられなかった。ここで心からの感謝を捧げたい。

大人はかつて若者だった。若者もいずれは大人になる。この世界にたったひとりしか存在しない人間として、自分らしく思いきり生きたい。その願いは、だれにとっても同じなのである。もちろん、私にとっても、そしてあなたにとっても。

二〇〇二年三月

香山リカ

香山リカ

1960年北海道生まれ
　　東京医科大学卒業
現在－精神科医，帝塚山学院大学人間文化学部教授
著書－『「悩み」の正体』
　　『いまどきの「常識」』(以上，岩波新書)
　　『10代のうちに考えておくこと』(岩波ジュニア新書)
　　『ぷちナショナリズム症候群』(中公新書ラクレ)
　　『仕事中だけ《うつ病》になる人たち』(講談社)
　　『老後がこわい』(講談社現代新書)
　　『テレビの罠』(ちくま新書)
　　『スピリチュアルにハマる人，ハマらない人』
　　(幻冬舎新書)
　　『40歳からの心理学』(海竜社) ほか

若者の法則　　岩波新書(新赤版)781

2002年4月19日　第1刷発行
2013年11月25日　第22刷発行

著　者　香山《かやま》リカ

発行者　岡本　厚

発行所　株式会社 岩波書店
〒101-8002 東京都千代田区一ツ橋2-5-5
案内 03-5210-4000　販売部 03-5210-4111
http://www.iwanami.co.jp/

新書編集部 03-5210-4054
http://www.iwanamishinsho.com/

印刷製本・法令印刷　カバー・半七印刷

ISBN 4-00-430781-3　　Printed in Japan

岩波新書新赤版一〇〇〇点に際して

ひとつの時代が終わったと言われて久しい。だが、その先にいかなる時代を展望するのか、私たちはその輪郭すら描きえていない。二〇世紀から持ち越した課題の多くは、未だ解決の緒を見つけることのできないままであり、二一世紀が新たに招きよせた問題も少なくない。グローバル資本主義の浸透、憎悪の連鎖、暴力の応酬――世界は混沌として深い不安の只中にある。

現代社会においては変化が常態となり、速さと新しさに絶対的な価値が与えられた。消費社会の深化と情報技術の革命は、種々の境界を無くし、人々の生活やコミュニケーションの様式を根底から変容させてきた。ライフスタイルは多様化し、一面では個人の生き方をそれぞれが選びとる時代が始まっている。同時に、新たな格差が生まれ、様々な次元での亀裂や分断が深まっている。社会や歴史に対する意識が揺らぎ、普遍的な理念に対する根本的な懐疑や、現実を変えることへの無力感がひそかに根を張りつつある。そして生きることに誰もが困難を覚える時代が到来している。

しかし、日常生活のそれぞれの場で、自由と民主主義を獲得し実践することを通じて、私たち自身がそうした閉塞を乗り超え、希望の時代の幕開けを告げてゆくことは不可能ではあるまい。そのために、いま求められていること――それは、個と個の間で開かれた対話を積み重ねながら、人間らしく生きることの条件について一人ひとりが粘り強く思考することではないか。その営みの糧となるものが、教養に外ならないと私たちは考える。歴史とは何か、よく生きるとはいかなることか、世界そして人間はどこへ向かうべきなのか――こうした根源的な問いとの格闘が、文化と知の厚みを作り出し、個人と社会を支える基盤としての教養となった。まさにそのような教養への道案内こそ、岩波新書が創刊以来、追求してきたことである。

岩波新書は、日中戦争下の一九三八年一一月に赤版として創刊された。創刊の辞は、道義の精神に則らない日本の行動を憂慮し、批判的精神と良心的行動の欠如を戒めつつ、現代人の現代的教養を刊行の目的とする、と謳っている。以後、青版、黄版、新赤版と装いを改めながら、合計二五〇〇点余りを世に問うてきた。そして、いままた新赤版が一〇〇〇点を迎えたのを機に、人間の理性と良心への信頼を再確認し、それに裏打ちされた文化を培っていく決意を込めて、新しい装丁のもとに再出発したいと思う。一冊一冊から吹き出す新風が一人でも多くの読者の許に届くこと、そして希望ある時代への想像力を豊かにかき立てることを切に願う。

（二〇〇六年四月）